基礎から学ぶ介護シリーズ
一人ひとりが輝く
レクリエーション・プログラム

妹尾弘幸 著

中央法規

生活を再創造する レクリエーション

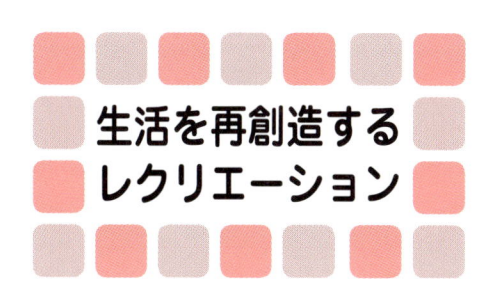

　介護が大きく変わってきています。厚生労働省の介護福祉士の定義の見直しを持ち出すまでもなく、介護は、単なるADL（日常生活動作）介助から脱却し、広く生活を支援する技術・知識へと変革しています。

　これは、認知症ケアの推進やICF（国際生活機能分類）の視点などの関与も大きいのですが、基本的には「人間はどのように生きていくのか」「私たちはどのような生活を望んでいるのか」といった、根本的な部分に目が向けられ始めたからでしょう。

　レクリエーションも、単なる室内集団ゲームから、本来の生活再創造であるレクリエーションへと大きく変化しています。本書では、従前の単なる室内集団ゲームのメニュー集ではなく、利用者の生活を楽しく豊かにするレクリエーション、すなわち本来のレクリエーションについて、その視点や手法をコンパクトにまとめてお伝えします。

　ぜひ、目の前にいる利用者の「イキイキ！ワクワク！ドキドキ！」を引き出し、楽しい生活づくり、豊かな生活づくりのために役立てていただければ幸いです。

　なお、本書を執筆するにあたり、執筆の機会を与えていただいた中央法規出版ならびにさまざまな支援をいただいた同社企画部の平林敦史氏に深謝いたします。

　　　　　　　　　　　　　　　　　　　　　　　　　　　平成19年9月　著者

目次 CONTENTS

I 介護とレクリエーション …… 7
- 介護現場でのレクリエーション ………… 8
- レクリエーションの定義 ………… 12
- 介護からみた12の視点 ………… 16
- セラピューティック・レクリエーション ……… 35
- 個人と集団レクリエーション ………… 37
- 中・重度の利用者へのレクリエーション …… 39

II プログラムの立案と評価 …… 41
- レクリエーション提供の流れ ………… 42
- アセスメント ………… 43
- プランをつくる ………… 46
- 実行 ………… 55
- 再評価 ………… 56

III レクリエーションのレシピ …… 57

テーマから考える
- バランスボール ………… 58
- お手玉とり ………… 60
- 割り箸抜き ………… 62
- 缶積み ………… 64
- のこった　のこった ………… 66
- ハンガーリレー ………… 68

プログラムのアレンジ
- 風船バレー ………… 70
- 風船パタパタ ………… 72
- パタパタ ………… 74
- パタパタ蝶の舞 ………… 76
- 飛べ飛べ蝶々 ………… 78

目次 CONTENTS

音楽を通して
- コーラスリレー ……………………………………………… 80
- ドレミファ運動 ……………………………………………… 82
- カラオケ ……………………………………………………… 84
- 歌の発表会 …………………………………………………… 86

介護予防
- 計　算 ………………………………………………………… 88
- 写文・なぞり書き …………………………………………… 90
- ぬり絵 ………………………………………………………… 92
- 早口ことば …………………………………………………… 94
- 風船運び ……………………………………………………… 96
- じゃんけんサッカー ………………………………………… 98
- オリエンテーリング ………………………………………… 100

生活機能の改善
- 散　歩 ………………………………………………………… 102
- 動物介在活動（AAA） ……………………………………… 104
- 犬と散歩 ……………………………………………………… 106
- 自然観察 ……………………………………………………… 108
- クラフト ……………………………………………………… 110
- 陶　芸 ………………………………………………………… 112
- ピンポン球ホッケー ………………………………………… 114

生活に根づく
- 調　理 ………………………………………………………… 116
- 食　事 ………………………………………………………… 118
- ネイチャークラフト ………………………………………… 120
- 園　芸 ………………………………………………………… 122
- 入　浴 ………………………………………………………… 124

Ⅳ 個別レクリエーションに向けたQ&A 127

- Q1　認知症の方へのレクリエーションはどう考えればいいですか? 128
- Q2　認知症の方が参加する場合の留意点 129
- Q3　職員が足りず、プログラムが偏ってしまいます 130
- Q4　レクリエーションの上手、下手の定義は? 131
- Q5　レクリエーションに対する考え方や思いがバラバラです 132
- Q6　重度の方に対するレクリエーション 133
- Q7　レクリエーションとは、集団で行う面白いゲーム活動? 134
- Q8　男性の方が参加してくれません 135
- Q9　プログラムがマンネリ化しやすく、困っています 136
- Q10　実施する際のリスクは? 137

資料 138

アセスメント＆計画表／アセスメント表／計画表／プログラム計画・実施表／モニタリング表

I

介護と
レクリエーション

これまでレクリエーションといえば、集団で行い、単一的なメニューであるというイメージが強かったものです。
しかし今後は、利用者個々に合わせた個別レクリエーションの視点が必要となり、その効果についても検証することが求められます。

介護現場でのレクリエーション

レクリエーションの展開

　現在、介護現場ではさまざまな利用者に、さまざまな目的で、さまざまな内容のレクリエーションが提供されていることでしょう。

　そこでまずは、個々の利用者に視点を当て、どのようにレクリエーションを取り入れて、どのように展開していくのかを整理します。

Ⅰ 介護とレクリエーション

●**事例1** Aさん（98歳、男性。要介護2）

技術の伝承

　Aさんは以前、教材の販売業をしており、経木(きょうぎ)を使ったクラフトを教職員に教えていたそうです。経木クラフトはそのころからの特技であり、自分で創作した作品も数多くあります。Aさんは、今まで築いてきた技術を自分だけで終わらせるのではなく、次世代に伝承していくことを強く願っています。

　そこで、Aさんのレクリエーションに対して以下の支援が行われました。

支援①クラフト製作の支援

　材料となる経木は高価なので、PPバンド（ダンボールなどを結束するビニールバンド）を代用して作製することにしました。PPバンドは近所の新聞屋に協力してもらい、集めていただきました。

▼

支援②作品をプレゼント

　数多くの製作品ができあがったので、ボランティア活動をされている方や施設見学会に来られた方へのプレゼントとして使わせていただきました。

　写真は、地域の老人センターに出向いて実施した交流会で、作品を園児にプレゼントしているところです。

▼

支援③地域の文化祭へ出展

　地域の文化祭が開催されると聞いたので、出展者の一人として出展スペースを確保し、自作を展示しました。飾りつけもほぼ一人で行いました。

▼

支援④指導教室を開催

　本来の願いである技術伝承のために、「PPバンドクラフトを教えてもらう」ボランティアを募集し、毎週定期的にクラフトを学んでもらっています。そしてボランティアの方々は、地域の方々へその技術を伝承しています。

●事例2 Bさん（84歳、女性。要介護1）

役割をもつ

　Bさんは以前、2匹の犬と一緒に暮らしていました。犬が好きで、散歩のときに犬に出会うと、とても嬉しそうにしていました。

　糖尿病の持病があり、運動量を増やさなければいけないのですが、性格的に内気な方で部屋にいる時間も多く、なかなか運動量を増やせません。そこで、Bさんのレクリエーションに対して以下の支援が行われました。

支援①定期的に散歩をする

　一人だと戻って来られないため、毎日夕方、職員と一緒に近くの公園まで散歩しました。

▼

支援②犬のプレゼント

　施設では入居者の誕生日に、その人が希望する食べ物と、1万円の予算で花束と好きな物をプレゼントしています。当日は家族の方もお呼びして、皆で誕生日をお祝いします。

　Bさんは犬が好きだということで、近所の方に声をかけて、室内犬の子犬をプレゼントしました。

▼

支援③犬の世話をする

　子犬が来てから、Bさんは「世話をする」という役目ができ、少し活動的になってきました。調理や後片づけにも積極的にかかわるようになり、生活全般の活動量が増えました。

▼

支援④犬と散歩をする

　毎日、定期的に犬と散歩をするようになりました。この散歩により、活動量が増えるとともに、楽しみも増えています。今では、犬も誰が飼い主かをよく理解し、お互いになくてはならない仲の良さです。

▼

支援⑤開花状況の報告

　毎日近くの公園まで犬と一緒に散歩をするかたわら、草花の様子を見ていただき、散歩に出かけられない他の入居者のために、公園のバラの花の開花状況を掲示してもらっています。これは、本人の体力づくりや施設での役割づくり、記銘力の刺激による認知症の進行予防も兼ねています。

Ⅰ 介護とレクリエーション

🟥 レクリエーションとは何だろう

　他の動物と人間の違いとしてはいくつかの点があげられますが、その一つとして「親の面倒をみること」「遊ぶこと」があります。人間の特異性として「遊ぶこと」を提唱したのは、オランダの文化歴史学者 J. ホイジンガ（Johan Huizinga, 1872-1945）で、人間を「遊びを楽しむ動物」「遊びに一生懸命になる動物」＝ホモ・ルーデンス（Homo Ludens）としてとらえています。

　他の動物との相違点としてあげられた前者（親の面倒をみること）は「介護」、後者（遊ぶこと）は「レクリエーション」です。つまり、介護もレクリエーションも、人間ならではの活動であり、両者が複合した「介護のレクリエーション」は最も人間らしいことではないでしょうか。

レクリエーションの定義

✚ レクリエーションとアクティビティの範囲

　介護の現場では、「レクリエーション」と「アクティビティ」の両者が使われています。これらの言葉の違いについて質問を受けることも多いのですが、レクリエーションとアクティビティの違いやそれぞれの範囲について、現在のところ明確な定義はありません。

　介護職がもつ印象としては、レクリエーションは屋内集団ゲーム、アクティビティは機能回復的な意味をもつ活動というイメージが強いのではないでしょうか。それぞれのもつ言葉本来の意味から考えると、レクリエーション（recreation）は「再創造」、アクティビティ（activity）は「活動性・活発さ」という意味をもつため、どちらも現場の状況に合っているといえます。

　なお本書では、障害者や高齢者などの生活を再創造し、良好な精神状態の維持・楽しさや爽快感の獲得、ストレス解消などを伴う活動すべてを「レクリエーション」「アクティビティ」ととらえます。したがって、スポーツや趣味活動だけでなく、食事や入浴を楽しむこと、昼寝やただ単にボーっとすること、指で机をトントン叩くことなども含みます。

Ⅰ 介護とレクリエーション

✚ レクリエーションの5つの目的

現在、介護現場で利用されているレクリエーションには、次の活動があります。

① **快・楽の活動**

心地よい気分や快の気分、楽しい気分を体験することを主な目的とした活動です。音楽鑑賞や囲碁・将棋・釣り・園芸などの趣味活動、スポーツ活動など多くの活動が含まれます。

② **快・楽化の活動**

一般的な生活活動をより楽しいもの、心地よいものにする活動・工夫です。

通常のお風呂に入浴剤を使用して、リラックスできる気持ちのよいお風呂にしたり、通常の食事に代えて季節の行事食にするなど、生活活動を快・楽化する活動が含まれます。

③ **治療的手段**

心身機能や活動能力の機能維持・改善を主な目的とした活動

です。

　体力（全身耐久力）の向上・バランス改善のために風船バレーをしたり、呼吸・嚥下機能の改善のために合唱することなどが含まれます。

④　ケアの手段

　活動そのものがケアの目標になっていたり、介護上の問題・課題を解消するための活動です。

　ケアの目標として「昔料理屋で働いていた方に、施設のお祭りの際、屋台で料理を作って売ってもらう」ことや、長い間行くことがなかった「お墓参りに行く」ことなどを設定して実行する、入浴拒否のある方と一緒に銭湯に行ったり、入浴の前に一緒に歌を歌って気分よくお風呂に入るなどが含まれます。

⑤　そのほか

　①～④のほか、なじみの活動である調理や洗濯、掃除などをしてもらったり、特に理由もなくテレビを見たり、時間つぶしとして何かをしたり、ボーっとしたりする活動なども含まれます。

Ⅰ 介護とレクリエーション

なお現場では、一つの活動に複数の目的が重なり合うことも多く、明確な区別は困難なことも多いでしょう。

表1-1　目的別のレクリエーション活動

① **快・楽の活動**
　縫い物
　絵画
　ネイチャークラフト
　カラオケ
　読書
　映画鑑賞

クラフト

② **快・楽化の活動**
　行事食
　バイキング食
　お化粧・理美容
　バーベキュー大会
　薬湯
　温泉めぐり

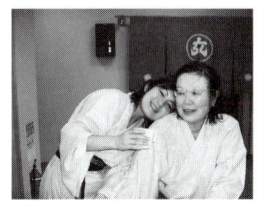

温泉めぐり

③ **治療的手段**
　ラジオ体操
　体操（タオル体操など）
　太極拳、ダンス
　演劇、芸術
　散歩
　学習

散歩

④ **ケアの手段**
　家事（調理・買い物・掃除・洗濯）
　各種療法
　（音楽療法や回想法、
　　園芸療法、芸術療法、
　　動物介在療法など）

調理

⑤ **そのほか**
　テレビ鑑賞、認知症の方への精神安定が目的の単純作業
　雑談、無目的なゲーム

雑談

介護からみた12の視点

　保健・医療・介護・福祉の目的はQOL（生活の質）の向上です。生活の質の向上や、生活を楽しく豊かにするという理念からいうと、介護もレクリエーションも、同じ目的をもつ対人サービスです。

　ここでは、介護やレクリエーションに必要な視点について考えてみましょう。表1－2にあげる各項目は、ケアとレクリエーションに共通して必要となる視点です。これらはいずれも重要な視点で、ケアを提供する際には、こうした考え方に沿ったサービス提供となっているかどうかを常に確認しましょう。

表1－2　ケアとレクリエーションの視点

①リスクマネジメント	②介助の5要素	③生活時間
④自立支援の概念	⑤活動範囲の拡大	⑥3つの環境
⑦集団と個人	⑧本人と家族、地域	⑨マズローの欲求5段階説
⑩QOLのレベル	⑪3つの生活機能分類	⑫利用者中心の視点

Ⅰ 介護とレクリエーション

①リスクマネジメント

　保健・医療・介護・福祉の存在意義は、対象者のQOLを高めることです。したがって、介護職がかかわることでけがをさせたり損をさせたりすること、すなわち**利用者のQOLを低下させることは、最も避けなければいけない基本的な事柄**です。

　ここで重要となるのが、リスクマネジメントです。リスクマネジメントの直訳は「危機管理」ですが、危機を予防すること、危機を回避すること、危機を受け入れること、危機発生時の対応をすること、危機発生後の対応をすること、不利益を生まない、不利益を最小限にとどめるなど、数多くの範囲を含む広い概念です。

　介護やレクリエーションの分野では、リスクマネジメントという場合、転倒予防などのけがの予防を主体として考えることが多いですが、そのほかの状況にも目を配る必要があります。たとえば、利用者に不利益をもたらすことには、けがだけでなく感染症などの病気もあげられます。また、利用者の身体を不用意に動かすことによって痛みが生じたり、不安を与えたりすることも本人にとっては不利益となります。このほか、利用者のお金を無駄に使うことも含まれるでしょう。

　リスクマネジメントはけがなどの身体面だけでなく、精神面、社会面に対する視点も必要となるのです（表1-3）。

表1-3　リスクマネジメントの概念

身体面	精神面	社会面
転倒、骨折の防止・感染予防 けがをさせない、誤嚥予防	不安や嫌な思いをさせない プライドを傷つけない	無駄な出費をさせない 社会参加の機会を奪わない 社会的権利を奪わない

②介助の5要素

　実際にレクリエーションを行う際には、介助の5要素に留意する必要があります（表1－4）。

　ここで述べている「介助」とは、単に身体的介助だけではありません。話しかけや表情、身振りなどのコミュニケーションも含まれます。

　「トイレは大丈夫ですか？」というトイレ誘導にしても、必要最小限の頻度にし、声かけの方向、介護職の目線の高さや会話の速さなどにも注意を払い、いつ声かけするのが一番効果的なのかを考えます。さらに、本人のプライバシー、プライドを傷つけないように、声の大きさや場所にも注意しましょう。

表1－4　介助の5要素

①介助の量
　　必要最小限の介助
②介助の方向
　　その人が自分で行う、または行うと思われる運動・行為・活動の方向
③介助の速さ
　　本人の速さに合わせる
④介助のタイミング
　　本来の運動・行為・活動を妨げないタイミング
⑤介助の場所
　　本人の身体的、精神的、社会的分野での自主的な動きを妨げない、または負の動きを発生させない場所

Ⅰ 介護とレクリエーション

① **介助の量**

　適切な介助量で介助するためには、本人の残存能力と設定されている環境を瞬時に判断し、提供すべき介助量を決定する能力が必要とされます。介助量が多すぎると本人の機能が低下し、逆に少なすぎると目的行動を果たせなくなったり、本人に過度の負担をかけることになります。

② **介助の方向**

　介助の方向は、目的行動がスムーズに遂行できるかどうかを左右する大切な要素です。介助の方向が正しくないと、動作や行為が停滞し、実施が困難になります。

③ **介助の速さ**

　目的行動を遂行するうえで、介助の速さにも気を配る必要があります。一般的に、高齢者の行動速度は低下していることが多く、速度を無視した介助は、本人が活動しにくくなるだけでなく、本人を置き去りにした「介助者中心のケア」に陥りやすくなります。

④　**介助のタイミング**

　　タイミングはすべての活動で気を配るべき重要な要素です。特に運動の切り替え時、運動方向の切り替え時には重要となります。タイミングがずれると、活動そのものが成り立たなくなったり、食事時の嚥下と捕食介助のタイミングが悪く誤嚥を引き起こすなど、利用者を危険な目にあわせることになります。

⑤　**介助の場所**

　　介助の場所は、介助を提供する場所が悪い（リビングでおむつ交換をする）、介助者の場所が悪い（耳の遠い人に後方の遠くから声をかける）、介助の場所が悪い（立ち上がりを介助するときの手の位置が適切でない）など、さまざまな場面での視点が必要となります。

③生活時間からの視点

人間には3つの生活時間があります。

1つ目は、食事をしたり、睡眠をとったり、排泄するなど、人間として生きていくうえで必要となる生活時間で、「基礎生活時間」と呼ばれるものです。この生活時間には、食事・睡眠・排泄・入浴・更衣・移動・整容などが含まれます。

2つ目は、仕事や学校に行くといった「社会生活時間」です。これには、生産労働活動や町内会・自治会での役割を果たすことなどが含まれます。

3つ目は、これら以外の生活時間です。この生活時間はこれまで、余った暇な時間ということで「余暇生活時間」と呼ばれていました。これは、高度成長期に労働の美徳が過大に叫ばれていた考え方です。ですから現在は、その人らしい生活を作る時間という意味で、「創造生活時間」と呼ぶのが適当ではないでしょうか（図1-1）。

図1-1　3つの生活時間

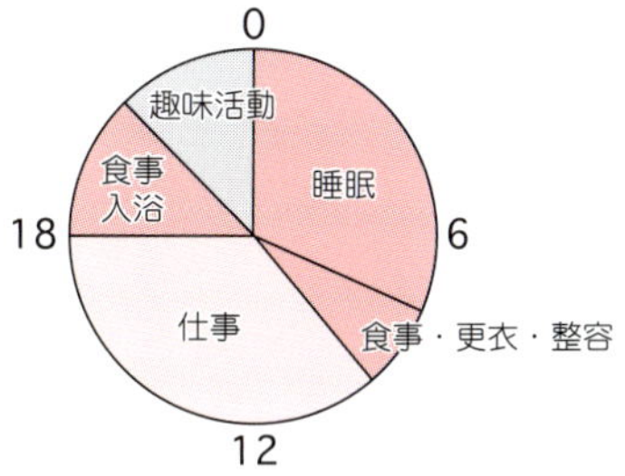

①基礎生活時間
　食事、排泄、入浴、整容、更衣、移動、睡眠など

②社会生活時間
　仕事、学校、町内会、自治会活動など

③創造生活時間
　①②以外の時間（趣味活動など）

これら3つの生活時間は、お互いに深く結びついています。そして、ある場面では重なり、交わり、またある場面では独立して存在しています。

これらの生活時間は、個人や環境によってその割合が変化します。40代の働き盛りのサラリーマンでは社会生活時間が増え、会社での仕事と通勤時間だけで1日の半分以上を占めることも珍しくありません。逆に、要介護高齢者の多くは社会生活時間が減り、創造生活時間や基礎生活時間が増加します。

　3つの生活時間に軽重をつけることはできませんが、その人がその人らしい生活や人生を送るためには、創造生活時間が果たす役割が大きいといえるでしょう。

④自立（自律）の概念

　これまでの「自立」に対する概念は、他人の力を借りずに自分自身の力だけである活動を行うこと、すなわち「自分のことは自分でする（自己遂行）」という考え方でした。

　しかし現在、自立の概念はより広くとらえようとされています。『本人が選択し（自己選択）、本人が決定すること（自己決定）』が自立（≒自律）であって、必ずしも『自分自身の身体で遂行する必要はない』という考え方です。この考え方（自己選択・自己決定・自己遂行のいずれかを実行することが自立）のほうがより広く、また、さまざまな方の自立援助に役立つため、今日では広まっています。

　たとえば、進行性の疾患や重度のまひで、自分では身動きがとれない方の場合、以前の自立の考え方では「この人は全介助レベルで自立度はゼロ・今後も回復の見込みがないため、私たちが本人の自立度を上げる手立てはまったくない」と判断されていました。しかし、今日では「たとえ身体的には全介助であっても、物事の選択・決定は十分可能であり、その環境を少しでも豊かにすることが私たちの役割の1つである」と判断し、本人の可能性や介護職ができることの可能性が広がります。

　この際大切なのは、「本人が選択」するためには、選べるだけのさまざまな「選択肢」が必要だということです。提供する側は、本人が選べるだけの選択肢を用意しなければなりません。

　たとえば、昼食のメニューが「カレー」だけでは選択の余地がありません。「カレー」の他にも「カレーチャーハン」「カレーうどん」「おにぎり」などを用意することが「選択」を可能にします。仮に「カレー」しか提供できない場合でも、「甘口」「辛口」「中辛」や「ソース入り」「しょう油入り」「野菜カレー」「チキンカレー」など、可能な範囲でできることはたくさんあります。この可能性を捨てずに、できるだけ多くの「選択の可能性」を用意する視点が必要です。

　選択肢を用意するためにはお金が必要な場合もありますが、工

夫次第でできることもたくさんあるでしょう。食事のお箸にしても、職員が一方的に配ってしまえば選択の余地はありませんが、箸入れに入った箸の中から好きなものを選んでもらうようにすれば、そこで「自己選択・自己決定」の場面を作ることができます。

⑤活動範囲の拡大

　心身機能が低下した際に問題となることの1つに「閉じこもり症候群」があります。閉じこもり症候群における閉じこもりとは、単に決まった場所にしか行かなくなる→家から出なくなる→部屋から出なくなる→布団から出なくなる、といった身体面の閉じこもりだけではありません。

　決まった人としか話さない→家の人としか話さない→自分の殻に閉じこもる、といった精神面・社会面の閉じこもりもあります。活動範囲の拡大を考える場合には、この3つの視点を考えることが重要です。

　ケアの場面では「身体面の活動範囲の拡大」「精神面の活動範囲の拡大」「社会面の活動範囲の拡大」と3つの面それぞれ、またはいずれかを改善する視点が大切です（表1-5）。

①身体面の閉じこもりに対するケア（身体面の活動範囲の拡大）とは、施設から出ることがなかった利用者とともに近くの公園に出かけ、一緒にお弁当を食べたり散歩をするといった活動です。

②精神面の閉じこもりに対するケア（精神面の活動範囲の拡大）とは、今まで食事にあまり興味をもっていなかった利用者が、その日に食べた食事の作り方に興味をもち、そのレシピを書き

表1-5　閉じこもりと活動範囲の拡大

①身体面の閉じこもり──→身体面の活動範囲の拡大
②精神面の閉じこもり──→精神面の活動範囲の拡大
③社会面の閉じこもり──→社会面の活動範囲の拡大

留めたり、写真を撮り、家族に転送したりする活動です。

③社会面の閉じこもりに対するケア（社会面の活動範囲の拡大）
とは、書き留めたレシピを冊子にまとめ、施設の売店で販売し
たり、インターネットで公開したり、ボランティア活動として
ひとり暮らしの高齢者に配布する活動です。

　これらの視点でケアの流れを考えることによって、提供できる
ケアの幅が広がります。
　たとえば、施設の中ばかりで絵を描いていた方に、施設の庭の
草花を描いてもらいます。
　次に、近くの公園の草花を描いてもらうことで身体面での活動
範囲を広げつつ、近所の絵手紙クラブの方にボランティアで施設
に入ってもらい、人間関係を築きます。
　さらに、徐々に公民館の絵手紙クラブに参加することで精神面
の活動を広げ、地域の文化祭や近くの郵便局で個展を開いたり、
ひとり暮らしのお年寄りに季節のお手紙を出すボランティアをす
ることで社会的活動範囲を広げていくといったことです。
　ぜひ、この３つの視点を忘れないようにしてください。

⑥ 3つの環境の視点

　私たちは対象者にケアを提供する際、対象者そのものばかりでなく、対象者を取り囲むもの、すなわち「環境」にもアプローチしていくことが多いものです。環境の種類には、大きくわけて①物理的環境、②人的環境、③システム環境の3つがあります。環境のアプローチを考える際、この3つの環境それぞれに対する視点をもつ必要があります。

　①物理的環境の視点とは、食事の際にテーブルといすの高さに気を配り、その利用者が食べやすいテーブルといすの高さという物理的環境を設定することなどです。②人的環境の視点とは、食事の際にその利用者と仲の良い友達で一つのテーブルを囲み、楽しい雰囲気の中で会話を楽しみながら食事ができる人的環境を設定することなどです。③システム環境の視点とは、「次に○○のプログラムがあるから食事を急がせる」のではなく、食事を楽しんでいる時間を大切にし、臨機応変にその時間を延長することなどです。

⑦集団と個人

　私たちの最終的な対象は「個人」です。ケアの現場では、個人を生かすために集団を利用することも数多くありますが、あくまでも対象は「個人」ということを忘れずにケアを提供していきましょう。

　特に施設では集団に目が行きやすいため、常に個人に対する視点を保つ意識が大切です。一方、在宅の場合は個人に目が奪われ、仲間・集団という視点が失われがちになります。個人も集団もそれぞれに良さがあり、一般の生活のなかでは、それぞれが補完し合って存在するものです。片方ばかりに目を奪われないように注意しましょう。

　また施設の特徴として、「人が集う場所」であることがあげられます。せっかくの集いの場を利用しない手はありません。個性が浮き彫りになるのは、異なる個性の他人がいるからです。さまざまな人間関係のなかで、その人らしい生活も形づくられていきます。ケアの対象は個人ですが、その個人を活き活きさせるためには、グループの活用が必要です。個人と集団、それぞれの良さを生かした「本人中心のケア」を提供しましょう。

⑧本人と家族、地域

⑦「集団と個人」でも述べましたが、私たちの最終的な対象は利用者本人、個人です。その本人は家族とともに生き、地域の中で生きてきました。したがって、本人の生活や人生を考える際に、家族や地域を抜きに考えることは不可能です。

特に近年は、その人の生活や人生を支える視点からケアを提供する重要性が強調されています。そのためには、現在だけでなく、過去や未来も含めた観点から「本人」「家族」「地域」を考えていく必要があります。

加えて、時間的な観点だけでなく、地域という空間にどのような人々がいるのか、いたのか、今後現われるのかといった空間的視点・人的視点も必要です。よく仲間・時間・空間を「サンマ（3つの間）」と表現しますが、「本人」「家族」「地域」も空間的視点・時間的視点・仲間的視点の『3つの間』の視点からとらえていくことが大切です。この際、ケアを提供する施設もケアを提供する人も、地域の一員であるという意識を忘れてはいけません。

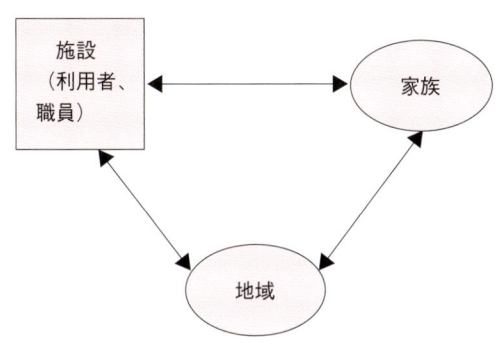

図1-2　地域の一員として

⑨マズローの欲求5段階説

マズローの欲求5段階説によると、人の欲求には5つの段階が存在し、基礎となる欲求から①生理的欲求→②安全や保障の欲求→③社会的欲求→④自我の欲求→⑤自己実現の欲求へと高くなっていきます（図1-3）。

実際には、1つの欲求が完全に満たされてから次の欲求段階に変化するのはまれで、介護現場でも、それぞれの欲求段階が虫食い状態のように達成され、同時にそれぞれの段階のサービスがさまざまな質と量で提供されています。

介護現場でマズローの欲求段階が意識されることは少ないと思いますが、この考え方は非常に有用です。ケアを提供する際にこの欲求に視点を向け、それぞれの欲求を満たすケア、次の段階の欲求を満たすケアの視点をもちましょう。そうすることで、よりスムーズなケア、より総合的なケアが提供できるようになります。

図1-3　マズローの欲求段階

（ピラミッド図：上から）
- 自己実現の欲求
- 自我の欲求
- 社会的欲求
- 安全や保障の欲求
- 生理的欲求

⑩ QOL の４つのレベル

　医療・介護・福祉が行われる目的は、対象となる方の QOL の向上です。QOL は「L（Life）」のとらえ方で４つに分類することができます。最も基本となる QOL は「生命の質」、次に「生活の質」、その生活が日々重なっていく「人生の質」、そして「魂の質」（その人の生き様、その人なり、人間性の質）といったものです。QOL の向上を考える際、この４つのレベルそれぞれの視点から対象者を見ていく必要があります（図１－４）。

図１－４　QOL の４つのレベル

（ピラミッド図：上から）魂の質／人生の質／生活の質／生命の質

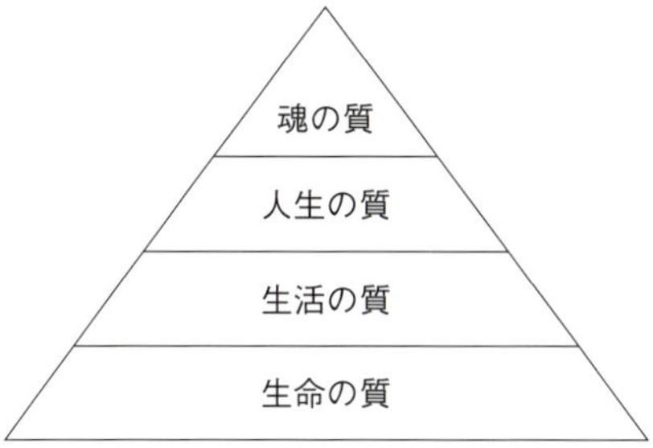

⑪ 3つの生活機能分類

近年注目されている概念に「ICF（国際生活機能分類）」の生活機能分類がありますが、これには「心身機能・身体構造」「活動」「参加」の3つの構造があります（図1-5）。

- **心身機能・身体構造**…以前いわれていた機能障害に対応するもので、筋力や関節可動域などの身体機能や変形・切断などの身体構造、記憶や計算力などの精神機能を指します。
- **活動**…以前いわれていた能力障害に対応するもので、食事・排泄・入浴などの日常生活活動などを指します。
- **参加**…以前いわれていた社会的不利（ハンディキャップ）に対応するもので、町内会活動やボランティア、経済活動などの社会活動への参加を指します。

ICFでは、これらの因子が相互複合的に関連し合い、総合的な機能として「生活機能」が規定されると述べています。今後は、このICFの視点による評価・計画・実行が大切です。

したがって、対象者の生活を常に3つの因子の視点で見ていく習慣をつけることが必要となります。この際、それぞれを単独で考えるのではなく、相互の関係についても深く考えていきましょう。それによって、より広く深く対象者が見えてきます。

同時に、3つの構造で生活をみることにより、3つのレベルでのケアを生み出すことが可能になります。「参加レベルのケア」「活動レベルのケア」「心身機能・構造レベルのケア」での提供を心がけましょう（表1-6）。

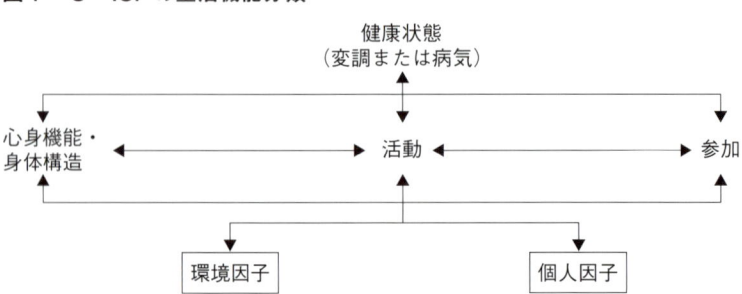

図1-5　ICFの生活機能分類

Ⅰ 介護とレクリエーション

表1-6 生活機能分類とケア

＜生活機能分類＞	＜ケア＞
参　加 ─────▶	「参加」に対するアプローチ
活　動 ─────▶	「活動」に対するアプローチ
心身機能・構造 ─────▶	「心身機能・構造」に対するアプローチ

⑫利用者中心の視点

　近年、認知症のケアで高い注目を浴びている概念として、「パーソン・センタード・ケア」があります。これは本来、保健・医療・介護・福祉とは、目の前に困っている人や困りそうな人がいて、その人のために金品やサービスなどを提供し、その人を支えていくことから始まったもので、「その人を中心として」という考えです。この背景には、いつの間にか本人が置き去りにされ、本人以外のものが中心に座するようになっている現状があります。

　介護の分野で、「本人」に立ち代って中心をなしている存在として「職員」「プログラム」「施設」があります。本人を中心に考えられていたケアから、職員が中心となったケア、プログラムが中心となったケア、施設が中心となったケアへと変異してしまうのです。

　これらの例として、「いかに自分たちが楽をするか」という職員を中心にした視点で考えられた、交換しやすいオムツ、効率的な集団入浴などや１日のプログラムに利用者を強制的に当てはめていくプログラム中心のケア、施設の体面を第一としたケア、事故予防に名を借りた身体拘束などをあげることができます。

　最近では「家庭的な生活が大切」「ゆったりとした生活が大切」という名のもとに、調理と買い物のほかは何もせず、「良い介護を提供している」と思い込んでいる施設も増えています。これも職員中心のケアによるものといえるでしょう。

セラピューティック・レクリエーション

　利用者の生活は、ADLなどの基礎生活時間ばかりではありません。社会生活時間・創造生活時間もあり、これらの時間も重要です。

　今まで私たちは、ADLの自立には注意を向けていましたが、他の部分についてあまり目を向けていませんでした。もちろんADLは生活のために必要ですが、ADLのために生活しているわけではありません。近年、ICFの生活機能分類の普及に伴い、活動や参加へも目が向けられるようになったことは、非常によい傾向といえます。

　ADLの自立と同様、創造時間の自立度を高めていくことはその人らしい生活づくりに必要不可欠です。この部分に目を向けたものとして、セラピューティック・レクリエーションがあります。

✚ セラピューティック・レクリエーションとは

　セラピューティック・レクリエーションとは、身体的・精神的・社会的に制約がある利用者に、創造時間の活動、レジャー・ライフスタイルの自立度向上の支援をすることです。ADLの自立に向けた支援が重要なのと同様、レクリエーションや楽しみ活動の自立に向けた支援も重要です。むしろその人らしい生活や人生づくり、尊厳を守るためには、こちらのほうがより重要となります。

セラピューティック・レクリエーションの4段階

セラピューティック・レクリエーションは4つの段階に分かれます。第1段階は、レクリエーション活動に必要となる身体的・精神的・社会的側面の基本的能力獲得の支援段階です。この段階は、身体面・精神面・社会面について必要な機能・能力・活動の維持・改善を目的とした「治療的段階」です。

第2段階は、各種のレクリエーション・レジャーを体験していくなかで、自分の生活観・レクリエーション観を確立して知識・技術を獲得する「学習的段階」です。

第3段階は、本人が自発的に活動に参加できるように支援する「参加・自立段階」です。本来のセラピューティック・レクリエーションは第3段階までですが、第4段階として、自分自身の参加だけでなく、友人・知人など他の人へ参加を働きかけたり、参加の機会を創造したりする「拡大段階」も大切でしょう。

介護の視点からレクリエーションを考える場合、機能改善やADL改善のためにレクリエーションを利用する「レクリエーション療法」の視点だけでなく、利用者の活動そのものを自立させていく視点（セラピューティック・レクリエーション）を併せもつことも大切です。

図1-6　セラピューティック・レクリエーションの4段階

第1段階：治療的段階
↓
第2段階：学習的段階
↓
第3段階：参加・自立段階
↓
第4段階：拡大段階

個人と集団レクリエーション

個別性に合わせた活動の提供

　レクリエーションの実施形態には、グループで行うもの、参加者が独立して行うものがあります。大切なのは、集団なのか個人なのかではなく、一人ひとりのニーズに沿った個別の目的、個別のプランのもとにレクリエーションが提供されているかどうかです。

　個人レクリエーションは個人の好みや能力、都合などを反映させやすく、集団はお互いが影響し合い、対人関係が豊かになるなど、それぞれに特徴があります。大切なのは、それぞれの良さをうまく利用することです。

表1-7　レクリエーションの提供形態

個人レクリエーション：1人で行う活動、または参加者は複数でも、活動は各参加者が独立して行うもの
集団レクリエーション：複数の参加者が共同・協力して、1つまたは複数の活動をするもの
個別レクリエーション：個別アセスメントをもとに個別プランを立て、個人・集団レクリエーションを提供すること

● 最近体力低下気味の歌が好きなAさん

(1) 歌を歌う

肺活量の拡大…誤嚥性肺炎防止のため、食事前に歌を歌います

(2) 歌体操

全身持久力・肺活量、座位バランス等改善のため、1日2回体操をします

(3) カラオケボックスへ

体力改善・楽しみづくりの日常化・活動範囲拡大のため、カラオケをします

(4) コンサートへ

生活の充実化のために、大好きな歌手のコンサートへ参加します

(5) 歌クラブの設立

仲間づくり・役割づくりのために、中心となって歌クラブを作ります

(6) 発表会を開催

自己実現・さらなる活動範囲拡大のため、市民会館での発表会に参加します

Ⅰ 介護とレクリエーション

中・重度の利用者へのレクリエーション

✚ カギは活動の実施と継続

　中・重度者の状態改善や悪化防止に対して、レクリエーションは非常に有効です。

　ここで大切なのは、活動の実施と継続です。いかに良い理論・技術をもっていても、実際に利用者に適応できなければ効果は出ません。また、1回だけの活動で継続されなければ、効果は出ません。レクリエーションは自由度が高く、さまざまな形で提供することができるため、機能や能力低下の程度にかかわらず実施可能です。また、レクリエーションそのものがもつ楽しさが、利用者の心身機能の賦活や活動継続に有利に働きます。

　排泄・入浴・食事・更衣・整容のADLは自立しているけれどもそれ以外は何もできない人生と、ADLは全介助でもそれ以外の趣味や楽しみは自立している人生と、どちらがより人間的でしょうか？

　このことからも分かるように、レクリエーションにはその人らしい人生を形づくる大きな力があります。

II プログラムの立案と評価

レクリエーションは、アセスメントから始まり目標の設定、実行計画の作成、実行、再評価という流れがあってこそ、その利用者を支えるツールとなります。

専門職として、これら一連の流れを意識してレクリエーションを提供しましょう。

レクリエーション提供の流れ

✚ ストーリーをもつ

　レクリエーションの提供では、生活の範囲・質を広げ、高めるという目的意識をしっかりもつことが重要です。そのためにも、ストーリーとしての流れを意識して提供します。

　その際、ただ漫然と提供するのではなく、目標を設定し、現状のアセスメントを行い、注意や工夫を払いながら提供することが必要です。

　医療やリハビリ、介護と同様、まずは対象者の全体像を把握し（アセスメント）、めざすべきゴールを設定し（目標設定）、どのようにしてゴールをめざすかという計画を立て（ケアプラン策定）、その計画に従って実行し（実行）、その途中で順調に進んでいるか確認（再評価・モニタリング）しながら進めていくことが求められます（図2－1）。

図2－1　レクリエーションの流れ

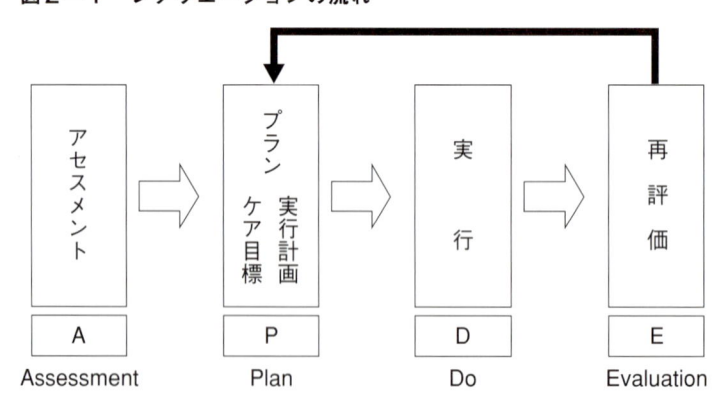

アセスメント	→	プラン ケア目標 実行計画	→	実行	→	再評価
A		P		D		E
Assessment		Plan		Do		Evaluation

（再評価から プラン へ戻る矢印）

Ⅱ プログラムの立案と評価

アセスメント

アセスメントとは

　アセスメントとは、対象者の全体像を把握してケアプランを作成（目標設定・ケアプラン作成）するための情報を入手することです。
　そのために、生活史・経済状況・家族状況などの各種情報収集と、機能・能力評価といった各種評価を行い、これらの情報と評価結果を分析・総合化して、ケアプラン作成に役立てます。

情報収集の視点

　情報収集の主な目的は①本人の全体像の把握、②ケアプランの作成のための情報源です。そのためには、幅広い視点からの情報収集と正確な分析が必要となります。

①本人の全体像の把握

　本人の全体像を把握するには、本人を取り巻く家族状況の把握も大切です。また、現在ばかりではなく、過去の状況把握も必要で、本人と家族（特に中心となって介護をする人と物事を決定するキーパーソン）それぞれの「身体面」「精神面」「社会面」の評価が必要です（表2-1）。
　本人に関しては全項目、家族では特に主として介護する人の健康状態や身体機能、精神的ストレスの状況、経済状況、利用者の生活に対する考え方、今までの人間関係などが重要となってきます。

②ケアプラン作成のための情報源

　ケアプラン作成のためには、本人や家族の状況把握とともに、それらを取り巻く環境の把握も重要です。
　環境の把握には、物理的環境・人的環境・システム環境の把握が必要となります（図2-2）。

表2−1 本人の全体像の把握

(1)本人と家族の把握

	身体面	精神面	社会面
本人	全般 (特に残存能力)	全般 (特に興味があること)	全般 (特に交流関係)
家族	主な介護者(キーパーソン)の健康状態	キーパーソンの考え方	経済状況 近所づきあい

(2)過去と現在、未来の把握

	現在	過去	未来
本人	全般	全般 特に生活歴　趣味歴	全般 (特に居場所)
家族	主な介護者の心身状況 (特に介護能力・ストレス)	本人との人間関係	必要に応じて

図2−2　環境把握の分類

```
                      環境
        ┌──────────────┼──────────────┐
    物理的環境         人的環境        システム環境
       例               例                例
  (1)家屋環境        (1)プライベート    (1)活用できる施設
    家屋内の段差       家族              福祉センター
    廊下の広さ         友人              公民館
    玄関の広さ         ボランティア     (2)活用できる制度
                                          福祉制度
  (2)周囲環境        (2)オフィシャル     一般向け制度
    庭の広さ           人的援助制度   (3)活用できるサービス
    近隣の道の状況     民間の人的サービス  各種介護事務所
    交通量             専門家の有無       民間サービス
```

- **物理的環境**…家屋内の段差や広さなどの家屋環境や、坂道や交通量など家の周囲の環境の把握
- **人的環境**…友人やボランティア、利用できる専門家などの把握
- **システム環境**…利用可能な各種制度や公園・福祉センター・公民館などの公共施設、地域にあるサービスの種類などの把握

Ⅱ プログラムの立案と評価

アセスメントの書式例

　MMSEや長谷川式認知症スケールなど特定の評価用紙以外のアセスメント用紙には、書式の規定はありません。以下、レクリエーションを提供する際のシートの見本を掲載しますので、参考にしてください（詳細は138～143頁参照）。

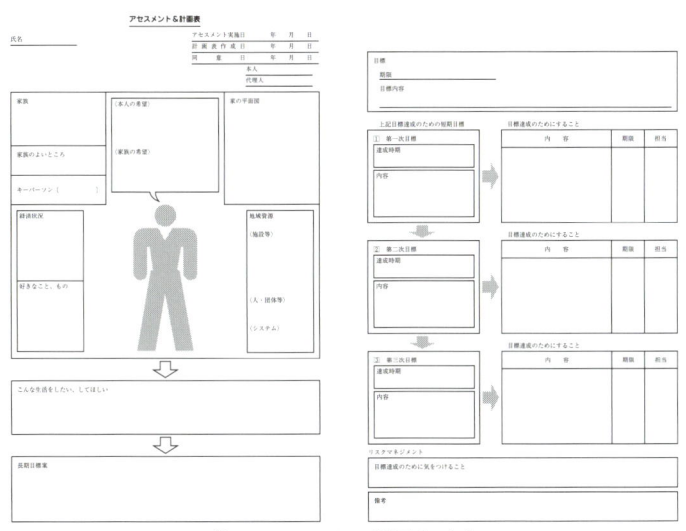

①アセスメント＆計画表（1）

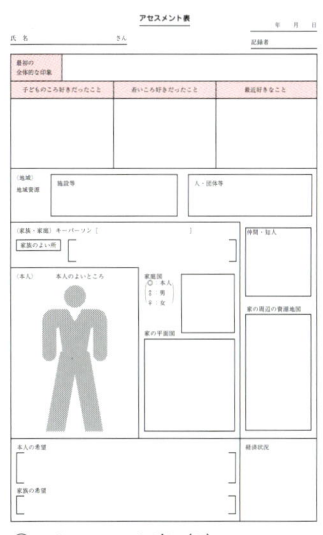

②アセスメント表（2）

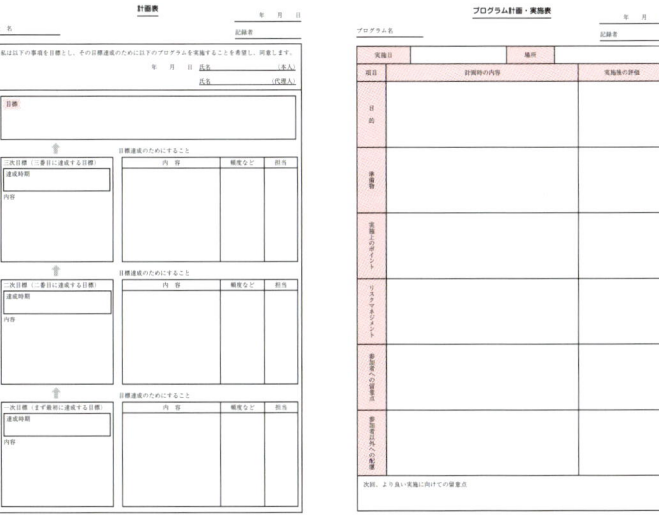

③計画表（2）

④プログラム計画・実施表

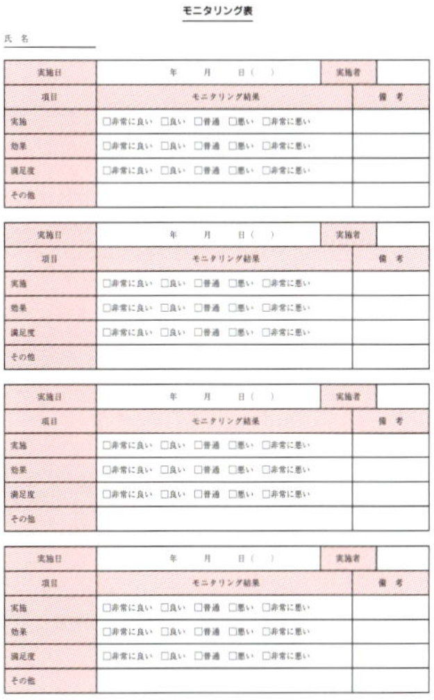

⑤モニタリング表

45

プランをつくる

➕ プランの構成要素

アセスメントが完了したら、次にプランをつくります。プランには、ケア目標と実行計画が含まれ、ケア目標は長期目標と短期目標に分かれます（図2−3）。

図2−3　プランの構成要素

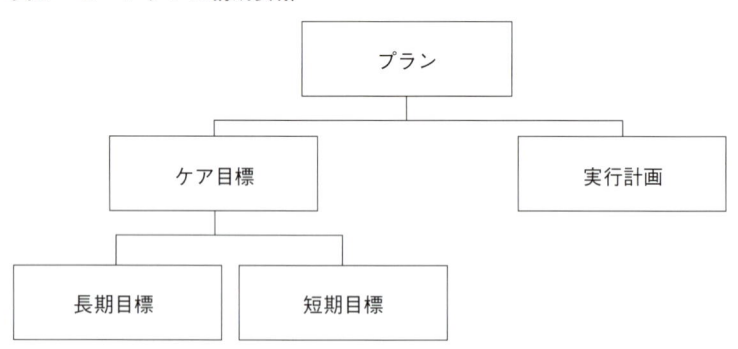

```
                プラン
                  │
        ┌─────────┴─────────┐
      ケア目標            実行計画
        │
   ┌────┴────┐
 長期目標   短期目標
```

長期目標と短期目標

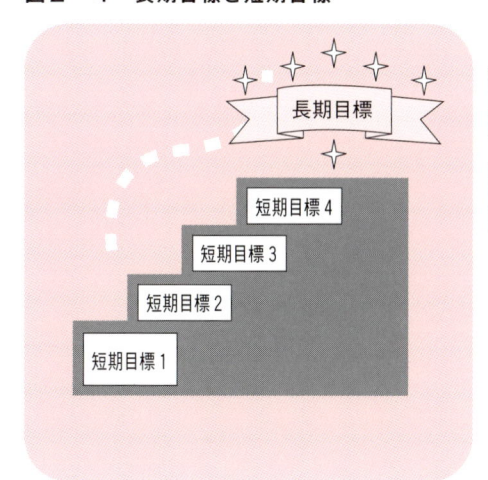

　長期目標と短期目標は時間的な視点からの分類で、長期目標とは読んで字のごとく長期間にわたる目標で、対象となる期間の最終目標・最終ゴールを指しています。短期目標とは、短期間に達成すべく設定された目標です。

　長期・短期とは二者間の相対的な関係を示すものであり、具体的に何日間でなければいけないという決まりはありません。たとえば、急性期の病院では「長期目標が1か月後、短期目標は1週間後」という設定になることがあり、障害者施設では「長期目標は3年後、短期目標は半年後」という設定もあります。

　この2つの目標で大切なのは、長期目標と短期目標の関係です。長期目標では目標の達成まで時間がかかるため、きちんと目標に向かってサービスが提供されているかどうかを確認したり、本人のモチベーションを維持するために、長期目標を分解して設定されたものが短期目標です。したがって、長期目標と短期目標間でこの関係が保たれていることが重要となります。

　短期目標と長期目標は同じ方向性をもち、短期目標は長期目標への一里塚的な役割を果たしている目標となります(図2-4)。

図2-4　長期目標と短期目標

- 短期目標は長期目標への一里塚
- 長期目標と短期目標の方向性は同じ

目標の条件

目標はどんな内容でもよいというものではありません。目標はケアの指針となる重要なものなので、きちんとした内容を設定する必要があります。

目標が備えておくべき性質は①本人のやる気を引き出すもの、②具体的・客観的に設定されたもの、③生活に密着したもの、④達成までに一定の努力・期間が必要なもの、⑤達成可能なものの5つです（表2-2）。

この5つが満たされていない目標は、良い目標とはいえません。しかし現実的には、5つがすべて満たされている設定のほうが少なく、正確な目標設定がなされていないことが多いものです（表2-3）。

表2-2　目標を構成する5つの条件

① 本人が同意していて、本人のやる気を引き出すこと
② 具体的かつ客観的に設定されていること（可能な範囲で数値化・スケジュール化されている）
③ 生活に密着していること（短期目標の場合はこの限りではない）
④ 達成するまでに、ある一定の努力・期間が必要なこと
⑤ 達成できること

表2-3　よくみられる目標設定の過ち

- 具体的でない…「規則正しい生活をする」「元気にする」「QOLを高める」
  目標は誰がみても達成可否の判断ができて、その判断に大きな違いがないと思えることが必要です。そのためには、「いつ・どこで・誰が・どのように」をきちんと定め、目標を明確にする必要があります。
- すぐに達成できてしまう…「鉢に花の種を植える」「朝、花に水をあげる」
  やろうと思えばすぐにできることや、本人の努力がほとんど必要ないことは、すぐに実行すればよく、目標にはなりません。ある一定以上の本人の努力と期間が必要なものが目標となります。
- 努力しても達成できない…「一人で歩けるようになる」「元どおりになる」
  達成に向けた指標が目標なので、達成不可能なことは目標にはなりません。
- そのほか…本人の希望に沿っていない（スタッフの押しつけ）、リスクが高すぎる、得られる効果とそれにかかる手間がアンバランスすぎるなど
  本人の生活・人生を豊かにするものが目標です。そのための負担や危険が大きすぎるものは、現実的な目標には向きません。

Ⅱ プログラムの立案と評価

✚ 実行計画をつくろう①　因子の抽出

　目標を設定したら、次は実行計画をつくります。決められた目標を達成するための具体的な活動計画となります。

　まずは目標達成に関連する各種因子を抽出し、それらを実現するための細かな活動計画をつくります。その際、本人・目標・活動の分析とともに、自分たちのもつ資源（物品・設備・能力）の把握も必要となります（図2－5）。

- **本人の分析**：①趣味や好きな活動などを中心とした生活歴の把握、②本人の心身機能・能力・活動状況・参加状況の把握が重要です
- **目標の分析**：目標となる活動そのものの分析のことで、目標となる活動を実施するにはどのような能力や環境が必要かを分析します
- **活動の分析**：本人、目標の2つの分析により、必要とされる能力と、本人の現在の能力、環境との差を出し、埋めていく手段としてレクリエーションを用います

図2－5　実行計画の策定に必要な因子

本人の分析	①趣味や好きな活動などを中心とした生活歴の把握 ②心身機能・能力・活動状況・参加状況などの把握
目標の分析	①目標を構成する因子の把握 ②目標達成の必要因子の把握 ③各因子を達成・満足するために必要な能力や環境の確定
活動の分析	①活動のもつ因子の把握 ②活動のもたらす影響（効果・副作用）の把握 ③活動に必要なものの選出

実施可能な計画を立てる
↓
いつ、どこで、だれが、何を、どのように、どのくらいの頻度と量かを、可能な限り具体的に決めることが必要
↓
自分たちの有する資源・能力の把握も重要

皆さんの頭の中では通常、無意識のうちにこうした分析が行われていますが、より正確かつ高い効果を得るためには、文書化することが重要です。また分析の視点では、利用者個々の生活歴を大切にして、本人のニーズを把握すること。そのうえで本人の生活や人生のなかで、どう目標を設定し、どのような活動をどう展開するのかという「ストーリーをもった支援の視点」が大切です。

Ⅱ プログラムの立案と評価

実行計画をつくろう②
プログラムに対する知識を身につける

　実行計画は、「現在の状態と設定された目標との差を埋めるためにどうすればよいか」というガイドブックです。そのため、実行計画を作成する際には、現状と目標の差を明確にしなければいけません。そのうえで、この差を埋めるためにどうすればよいかを考えます。

　したがって、実行計画の作成には、現状と目標の把握のほかに、実施されるプログラムに対する知識（どの程度の頻度で、どの程度の量を実施すれば、どれほどの効果があるのかなど）が必要とされます（図2－6）。

図2－6　実行計画の作成

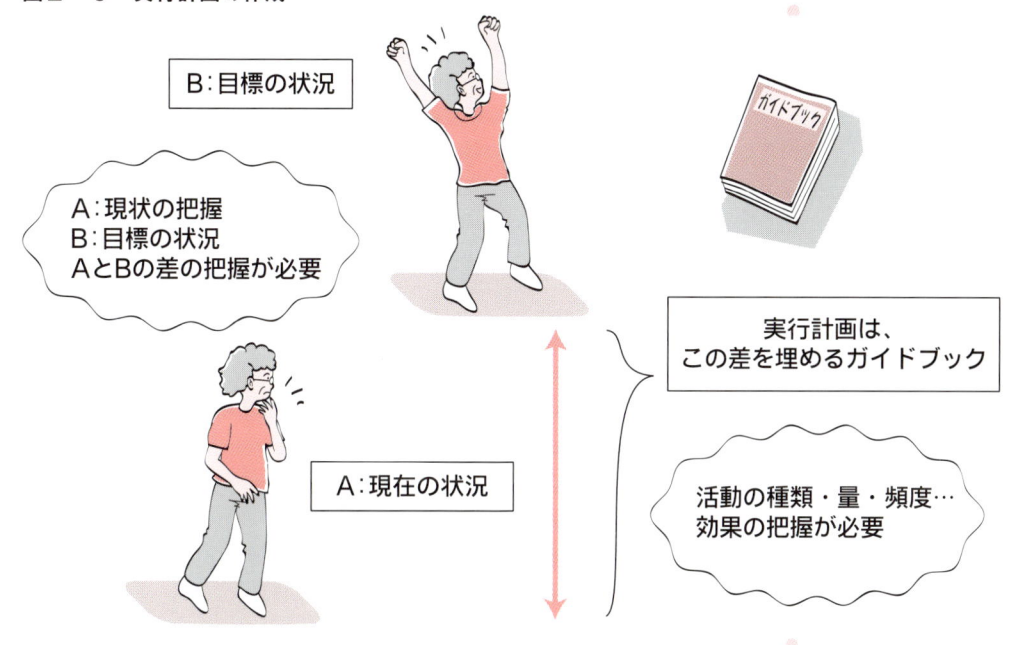

B：目標の状況

A：現状の把握
B：目標の状況
AとBの差の把握が必要

A：現在の状況

実行計画は、この差を埋めるガイドブック

活動の種類・量・頻度…
効果の把握が必要

計画の作成例

理解を容易にするために、計画の一部を例示します（表2-4、-5）。

①「お彼岸にお墓参りする」目標の場合

表2-4　実行計画の因子を抽出する

1．目標	今度のお彼岸に施設の車で職員とお墓参りに行き、自分で育てた菊を供える。
2．目標分析	期　　間…次のお彼岸まで 必要物品…花・線香・お供え・施設車・車いすなど 　　　　　　　　　　　　　　　　　　　［花以外準備可能］ 服　　装…和服　　　　　　　　　　　［過去一年着用なし］
3．必要な因子	お墓までの往復に耐える体力 　　施設〜墓地駐車場…車で60分（往復120分） 　　　　　　　　　　　　　　　　　　　　［現在50分可能］ 　　墓地駐車場〜お墓…車いすで10分　［現在20分可能］ お墓への献花・お供え動作 　　高さ20cmへ花を生ける・お供えを置く［現在動作可能］ 　　お墓にひしゃくで水をかける　　　　［現在動作可能］ 　　お経をあげる　　　　　　　　　　　［現在1/2可能］
4．必要なレクリエーション	お墓に生ける菊づくり 　　施設の横にプランターで約50本の菊を作る 必要な体力づくり（乗車60分・車いす10分など）のためのレクリエーション 　　車いすでの散歩、風船バレー、映画鑑賞、ドライブ、買い物など お供え作り 　　おやつ・昼食作り、クラフトなど

Ⅱ プログラムの立案と評価

表2-5 実行計画をつくる

項　　目	目　　標	現　　状	対応プログラム
施設〜墓地駐車場	片道60分	50分可能	散歩・ドライブ・買い物・風船バレー
墓地駐車場〜墓地	片道10分	20分可能	
車いす〜座いす	介助で移乗 座位30分	動作可能	週に1回　お茶会・生け花
お墓に水をかける	ひしゃくで水をかける		
お墓に花を生ける	自分で花瓶に花を生ける		
お墓に供える	自分でお墓に置く		
線香を供える	自分で供える		毎日夕方、線香をつけ、お経をあげる
お経をあげる	20分間お経をあげる	50〜60％可能	
花（菊）づくり	20本の菊を自分で供える	経験あり。機能的には可	プランターで50本育てる
お供えづくり	自分で作る		おやつ作り・昼食づくり
和服を着る、脱ぐ	介助にて着用	最近1年は経験なし	週に1回着用する。お茶会
お化粧	自分で行う	仕上げは要介助	塗り絵・毎週土日にお化粧

※実際には各項目をより詳細に記述します。
　例：線香を供える…毎日夕方5:00〜5:30まで自分の居室で座いすに座ってお経をあげる。最初の5分は職員も一緒にいて、その後10分おきに職員が火元をチェックする。お経が終わるとともに線香を消す。床から車いすの移乗介助は職員が行う。

作成のポイント

実行計画を作成する際のポイントは、目標を構成する各因子についての客観的評価がすべてについてなされており、現状と目標との差が客観的に説明できるようになっていることです。さらに、その差を埋めるためのプログラムがすべての因子について立てられていることが必要です。

表2－5に示したように、分解された目標の因子一つひとつに対応する客観的評価の数値結果や目標達成時の数値、対応する活動プログラムの詳細（いつ、誰が、どのくらいの量、どのくらいの頻度、どこで、どのようにするかなど）を決めておくことが必要です（図2－7）。

図2－7　作成のポイント

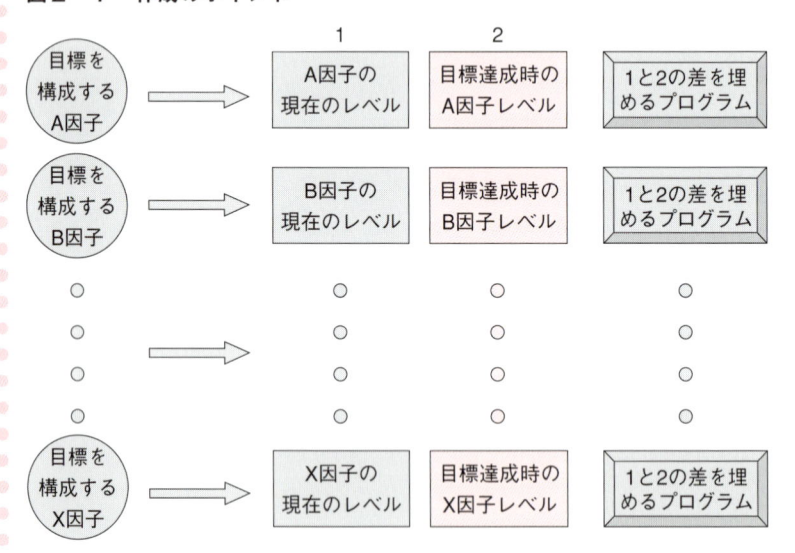

	1	2	
目標を構成するA因子 →	A因子の現在のレベル	目標達成時のA因子レベル	1と2の差を埋めるプログラム
目標を構成するB因子 →	B因子の現在のレベル	目標達成時のB因子レベル	1と2の差を埋めるプログラム
○	○	○	○
○ →	○	○	○
○	○	○	○
目標を構成するX因子 →	X因子の現在のレベル	目標達成時のX因子レベル	1と2の差を埋めるプログラム

Ⅱ プログラムの立案と評価

実行

計画どおりに実行されているか？ 質が担保されているか？

計画が作成できたら、次はいよいよ実行です。

実行の段階で大切なことは、①実行計画書どおりに実行され、②提供されるサービスについて一定以上の技術レベルが担保されていることです。そのために、きちんと実行されているかどうかを定期的にチェックします。この場合、実行の量と質の両面についてチェックする必要があります。

同時に、プログラムの効果や本人の意見なども調査しましょう。このような定期的・随時的チェックを「モニタリング」と呼びます。モニタリングでは、①実施しているかどうか、②効果が上がっているか、③本人・家族は満足しているかについて調査します（表2－6）。

実行をより確実にするためには、あらかじめ実行困難になる場合を想定し、その場合にはどうするのかという代案も決めておくとよいでしょう。

表2－6 モニタリング内容

(1)実施モニタリング 　　各プログラムが計画どおり実行されているかどうかを調査 (2)効果モニタリング 　　効果が予定どおり出現しているかどうかを調査 (3)満足度モニタリング 　　本人や家族の満足度がどの程度かを調査

再評価

目標や活動に関係する項目を評価する

　プログラムを実施して一定期間が経過したら、計画の妥当性、活動の質や量の妥当性、目標の妥当性をチェックするために、目標や活動に関係する部分の評価を行います。

　筋力を高める活動を実施しているのであれば筋力を測定し、ダイエットのプログラムを実施しているのであれば、体重やウエストサイズ、体脂肪率などを測定しその変化をみます。その再評価の結果をもとに、プログラム・目標を今のまま継続するかプログラムを変更するかなどを決めます（図2-8）。

　レクリエーション支援では、本人の生活や人生を、本人を中心として、本人とともに作り上げていく気持ちが大切です。この際、人間の生活や人生にとってレクリエーション活動は非常に重要なものととらえ、ADL活動の自立と同様に、レクリエーション活動そのものの自立にも力を注ぐことが大切です。そのためにも、さまざまな視点から、流れと展開性のある支援をしましょう。

図2-8　再評価後の流れ

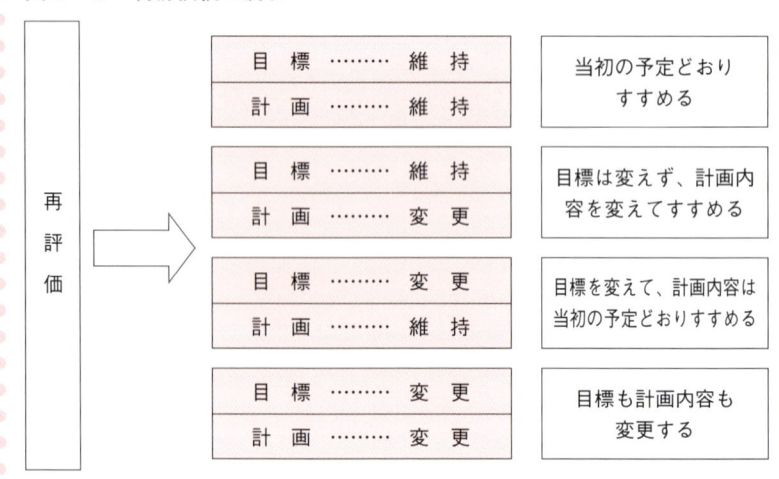

再評価 →		
	目標 ……… 維持 計画 ……… 維持	当初の予定どおりすすめる
	目標 ……… 維持 計画 ……… 変更	目標は変えず、計画内容を変えてすすめる
	目標 ……… 変更 計画 ……… 維持	目標を変えて、計画内容は当初の予定どおりすすめる
	目標 ……… 変更 計画 ……… 変更	目標も計画内容も変更する

Ⅲ レクリエーションのレシピ

レクリエーションの意義とプログラムの計画、実施までを学習した後は、いよいよ実際のプログラムを提供していきます。
現在さまざまなレクリエーションプログラムが紹介されていますが、本書では目的、利用者の状態、スタッフからの希望に即したプログラムを紹介します。

■目的	■利用者の状態	■スタッフからの希望
目と手の協調性の改善 上肢の巧緻性の改善	車いす座位保持可能 上肢の運動可能	どのように投げたらバランスがとれるのか、考えながら投げてほしい

テーマから考える バランスボール 〈バランス〉

あるテーマを設定し、そのテーマに沿ったプログラムを作る方法を学びます。
「テーマから考える」では「バランス」をテーマとしてあげ、バランスが悪いもの（ボール）を利用したゲームを紹介します。

✚ 材料
- お手玉
- エクササイズボール（バランスボール）
- いす

✚ 人数、隊形
- 人数…1人～
- 隊形
  円形
  対面

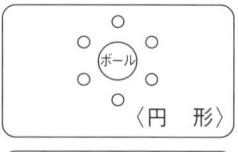

〈円　形〉

〈対　面〉

✚ すすめ方

基本
① バランスボールの空気を抜き、上部をへこませます
② 各自バランスボールの上に乗せるように、お手玉を投げます
③ ボールにお手玉がたくさん乗っている人（チーム）の勝ちです

III レクリエーションのレシピ

ルールあれこれ

- ルール1…同じチーム内で1人ずつ順番に投げます。最終的にボールの上に残った数で競います。
  （例 Aチームの A．B．C．D、Bチームの A．B．C．D）
- ルール2…チームごとにお手玉の色や柄を変えます
  各チーム1人ずつ順番に投げ、最終的に残っている数で競います
  （例 Aチームの A　Bチームの A′　Cチームの A″　Aチームの B…）
- ルール3…チームごとに一度に投げます
  （例 Aチームの A～D がよーいドンで投げる）

✚ 効果・効用

- お手玉がボールから落ちないように注意深く投げるので、上肢の巧緻性や注意力の維持・改善が期待できます
- ある一定時間続けることによって、座位耐久力の維持・改善が期待されます

特にオススメ

- 上肢の巧緻性
- 注意力
- 座位耐久力

■ ワンポイント

- エクササイズボールの空気の抜き具合で難易度が変化します（たくさん空気を抜くとやさしくなります）
- ボールからの距離で、難易度が変化します（近くなるほどやさしくなります）
- お手玉の重量によって、難易度が変化します（軽いほどやさしくなります）

■ リスクマネジメント

- お手玉を投げる際に、前方へ転ぶなどの転倒に注意しましょう
- 他の方にお手玉がぶつからないように注意しましょう
- 比較的リスクが低いプログラムですが、現場では予想外のことが起こるので、気を緩めることがないようにしましょう

■目的	■利用者の状態	■スタッフからの希望
上肢の巧緻性を高める活動の向上	車いす座位保持可能 上肢の運動可能	どのお手玉をとればよいのかを考え、注意力を養ってほしい

テーマから考える お手玉とり　バランス

バランスを保っていたものを徐々に減らしていくレクリエーションで、巧緻性を高めていきます。

材料
・お手玉
・割り箸や箸、棒
・机または床

人数、隊形
・人数…1人～
・隊形
　特になし（お手玉と割り箸を囲むように並びます）

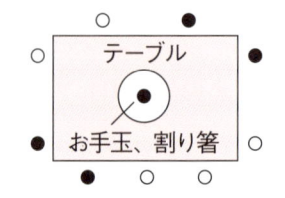

テーブル／お手玉、割り箸

すすめ方

基本
①1本の箸を支えるようにバラバラにお手玉を積み、重ねておきます
②箸を倒さないように順番にお手玉を引き抜いていきます
③箸を倒した人が負けです

III レクリエーションのレシピ

箸について
- 数…お手玉の中に立てる箸の数は、1本に限っているわけではありません。分散させ、複数立ててもいいでしょう。数が多くなるほど箸の倒れる確率も高くなり、要求される注意力が高くなります
- 重量…箸の底面積が狭くなり、上部が重くなるほど不安定になり、倒れやすくなります

✚ 効果・効用

- どのお手玉が安全でどのお手玉をとったら倒れるのかを判断しなければいけないので、注意力や想像力が刺激され、これらの機能の維持・改善が図られます
- 箸が倒れないようにゆっくりとお手玉をとらないといけないので、上肢の巧緻性の維持・改善に役立ちます

特にオススメ
- 上肢の巧緻性
- 注意力
- 想像力

■ワンポイント
- お手玉までの距離で難易度が変わり、参加者の動きも変わります。遠くに置くとどのような動きになり、近くではどのような動きになるのかをよく把握しましょう

■リスクマネジメント
- 比較的リスクの低い活動です

■目的	■利用者の状態	■スタッフからの希望
上肢の巧緻性の改善 聴覚認知力の改善	車いす座位保持可能 上肢の運動可能	崩れない方法を考え、その計画に沿って注意力・想像力を活用してほしい

テーマから考える 割り箸抜き　バランス

全体の形状を認識し、バランスを崩さないようにしながら一つずつ箸をとっていきます。

➕ 材料
- 割り箸
- 机または床

➕ 人数、隊形
- 人数…1人～
- 隊形
  四角形
  円形
  移動自由

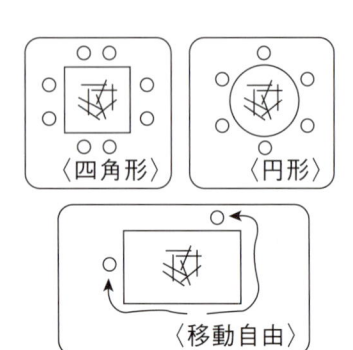

〈四角形〉　〈円形〉　〈移動自由〉

➕ すすめ方

基本
①机の上に割り箸（または太目のひご状のもの）を重なるように撒きます
②音を立てないように、割り箸を指1本でとります。割り箸は1回に何本とってもかまいません
③音を立ててしまった場合は、その割り箸をとることはできず、次の人に順番が移ります

Ⅲ レクリエーションのレシピ

ルール
(1) 音を立てない限り、何回でもくり返してとれるルール
(2) 音を立てなくても、1回とったら次の人へ移るルール

割り箸（太目のひご状のもの）について
- 割り箸に色をつけたり、何本かのラインをつけて1本1本点数化してもいいでしょう
- 割り箸は、角形と丸い棒状のどちらでもかまいません。角状のほうが安定感はありますが、音が出やすく、丸棒は面を変えても音が出にくいですが、動きやすいという性質があります

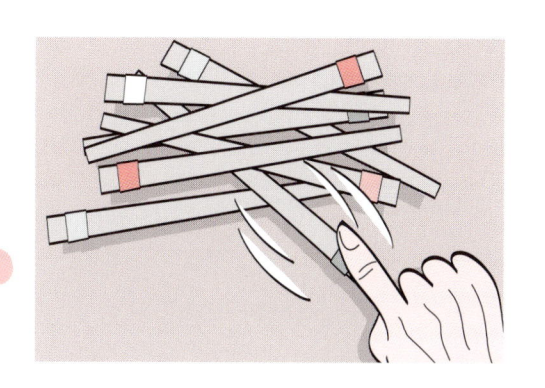

✚ 効果・効用
- どの箸（棒）を選べば、音を立てずにとることができるのかを判断しなければいけないので、注意力や想像力が刺激され、これらの機能の維持・改善が図られます
- 音を立てないようにゆっくりと慎重に、箸（棒）をとらないといけないので、指の巧緻性および感覚の維持・改善に役立ちます
- 他の人の順番のときに、音がするかどうか耳を傾けて集中して聞くので、聴覚の維持改善が図られます

特にオススメ
- 上肢の巧緻性
- 注意力
- 想像力
- 聴力

■ワンポイント
- 割り箸を点数化し、獲得した箸の合計点を競う場合、点数計算のため、計算力の維持・改善も期待されます

■リスクマネジメント
- 比較的リスクの低い活動です
- 1本の指で箸や棒を操作するため、指を痛める可能性があります

■目的	■利用者の状態	■スタッフからの希望
上肢の巧緻性の改善 協調性を養う	車いす座位保持可能 上肢の運動可能	相手とコミュニケーションをとりながら、協力して行ってほしい

テーマから考える　缶積み

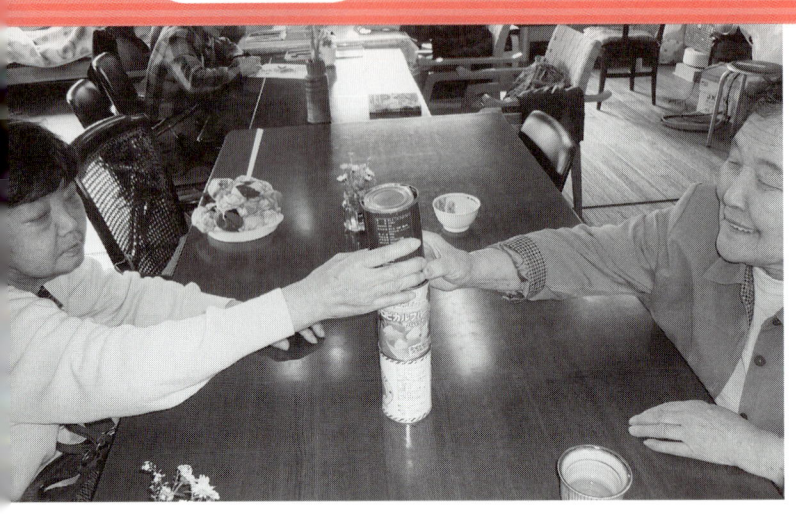

バランス

バランスを崩しやすいものを、バランスを崩さないように積み上げていくレクリエーションです。他者と協力して行うことで、協調性を養います。

➕ 材料
- 空き缶
- 机または床

➕ 人数、隊形
- 人数…2人〜
- 隊形
  移動自由
  対面型

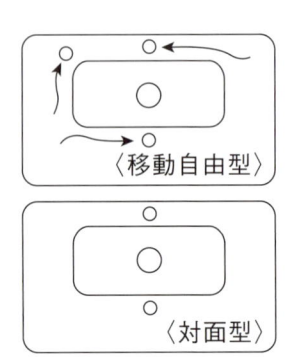

〈移動自由型〉

〈対面型〉

➕ すすめ方

基本

①2人1組になり、協力して缶を積み上げていきます
②使えるのは、各自片手のみです
③高く(またはたくさんの)缶を積んだペアの勝ちです
・2人の位置は対面型でも、自由に移動する型でも、どちらでもよいでしょう(図を参照)

Ⅲ レクリエーションのレシピ

ルール改変

単純に高く積むのを競うだけでもよいのですが、差がつきにくかったり、立位の方と座位の方で差がつきやすい場合には、ある一定数以上重ねた"セット"を何セット作るかを競い合ってもよいでしょう（缶を3つ重ねたものを何セット作るかなど）

✚ 効果・効用

- 指先だけで缶を積むので、注意力（集中力）と、指先から肘の感覚の高いレベルでの能力が要求されます
- 1人で左右の指で缶を積むのとは異なり、他の人と協力しての動作となるので、より細やかな感覚と力の発揮が要求されます
- 2人で協力して1つの活動を行うので、他者との協調性も身につきます

特にオススメ

- 注意力
- 上肢の巧緻性
- 肘〜手指の感覚

■ワンポイント

- いろいろな大きさ、重さの缶を用意しておきましょう。そうすると、単に上手に缶を積むだけの運動能力だけでなく、他の能力も使うことになり、レクリエーションの幅が広がります

■リスクマネジメント

- 比較的リスクの低い活動です
- 空き缶の切り口で指を切ったりしないように気をつけましょう
- 強く力を入れすぎて、指を痛めないようにしましょう

■目的	■利用者の状態	■スタッフからの希望
立位・片足立ちバランスの改善	立位・片足立ちが可能	がんばってバランスを保ってほしい

テーマから考える のこった のこった （バランス）

参加者の「バランス」能力を改善するために、身近にある新聞紙を使ったレクリエーションを紹介します。

材料
・新聞紙、大きいチラシ

人数、隊形
・人数…2人～
・隊形
　特になし

すすめ方

基本
①床に新聞紙を拡げて、その上に立ちます（1枚の新聞紙の上に1人立ちます）
②他の新聞紙に乗っている人とじゃんけんをします
③じゃんけんに負けた人は、いったん新聞紙から下りて、新聞紙を半分の大きさに折たたみ、再度半分の大きさになった新聞紙の上に乗ります
④これを繰り返します
⑤新聞紙の上に乗れなくなった人の負けです

Ⅲ レクリエーションのレシピ

新聞紙に乗る人数

基本ルールでは、新聞紙に乗る人数は１人でしたが、参加者の運動能力が高く、若い方の場合は、２人１組にしても可能です
（子ども〜若者のレクリエーションでは、２人１組が一般的です）

✚ 効果・効用

・除々に面積が狭くなる新聞紙の上での立位保持能力が要求されるので、全身の機能をフルに使ったバランス能力が鍛えられます

特にオススメ

- 立位バランス
- 注意分割能力

■ワンポイント

・新聞紙の大きさを半分にしていく代わりに、段階的に少しずつ小さくなる新聞紙をあらかじめ用意しておいてもよいでしょう
広さを半分にしていくルールだと、立位保持が可能な広さと不可能な広さがはっきり分かれてしまいます

■リスクマネジメント

・高度なバランス能力を要求するプログラムなので、転倒に対するリスクマネジメントが重要です

■目的	■利用者の状態	■スタッフからの希望
座位および立位バランスの改善 体幹前屈筋力の改善	手を上げることができる	相手と協調性をもってリレーしてほしい

テーマから考える ハンガーリレー　バランス

バランス能力を養うことは、生活のさまざまな場面で応用できます。
ここでは、立位・座位バランスや全身耐久力の改善を目的としたプログラムを紹介します。

材料

- ハンガー
- ひも
- いす

人数、隊形

- 人数…2人〜
- 隊形
  対面型

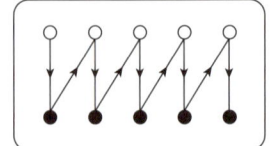

すすめ方

基本

①チームに分かれます
②対面型に並びます
③ひもにハンガーを通します
④お互いひもの端を持ち、ひもを上げ下げすることで、ハンガーを次の人へ送っていきます
⑤早くハンガーを最後の人まで送ったチームの勝ちです

Ⅲ レクリエーションのレシピ

そのほかのルール

①ハンガーリターン
　2人1組になり、時間内に何往復させられるかを競います

②ハンガーリレー（星型）
　5人1組で星型にひもを張り、ハンガーを送っていきます

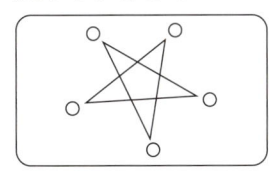

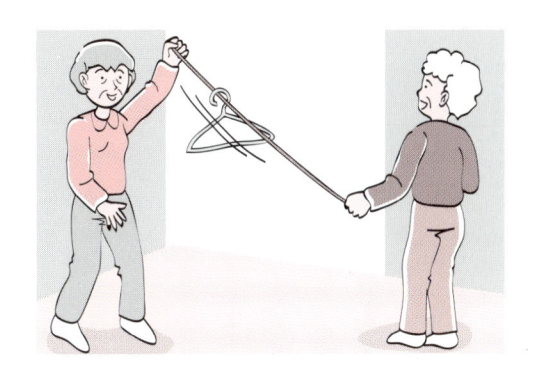

効果・効用

- ハンガーを移動させるためにはロープを上げ下げしないといけないため、体幹の前展伸展、上肢の挙上などの運動が引き出されます
- これに伴い、座位の動的バランス（立位の場合は立位バランス）の維持・改善も期待できます

特にオススメ

座位バランス　立位バランス　上肢の可動性

■ワンポイント

- ハンガーに重りをつけると、動きやすくなるとともに、運動量も増えます
- ハンガーが途中で落ちやすい場合は、下のように曲げて使いましょう

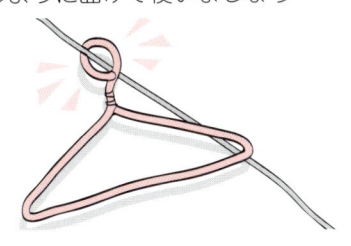

■リスクマネジメント

- 前かがみになったり、しゃがみ立ちしたりするので、この際に転倒リスクが高まります。転倒には十分注意してください
- ハンガーを動かそうとしてひもを揺らすと、ハンガーがひもから外れてしまうことがあります。この際、天井の照明にあたったり人にあたったりすることも考えられるので、注意してください

■目的	■利用者の状態	■スタッフからの希望
座位バランス、耐久力を向上させる	車いす座位保持可能	長時間の座位保持により、活動の幅を広げてほしい

プログラムのアレンジ 風船バレー 〈基本形〉

介護現場のレクリエーション・アクティビティとして有名な種目です。それだけに、支援者の技術力によって、楽しさや効果が大きく左右されます。
また、基本となる活動なので、さまざまなかたちにプログラムを発展させることが可能です。いろいろなアレンジに挑戦してみてください。

✚ 材料

- 風船
- いす、車いす
- ネット、ロープ
- 点数表示板
- 笛

✚ 人数、隊形

- 人数…1人～
- 隊形
  対面形
  円形

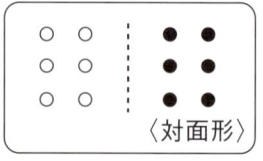

〈対面形〉

〈円形〉

✚ すすめ方

基本

① 2チームに分かれ、風船を使ってバレーボールをします
② バレーボールのルール同様、3回以内に風船を相手コートに返せなかったり、風船が地面に落ちたり、コートの外に返したりすると失点です
③ 手や頭など、腰より上で風船を打つのはかまいませんが、足など、腰より下へ風船を打ってはいけません
・15点先取したチームの勝ちです

Ⅲ レクリエーションのレシピ

> 風船の数を増やす

- 運動量が増えます
- より高い注意分散能力が必要です
- 「運動能力の高い人ばかりが風船を打つ」ことがなくなります
- 失点するスピードが早まります（点が入りやすくなります）
- 風船を拾う人も忙しくなります

✚ 効果・効用

- 単純なゲームで、的である風船の動きもゆっくりしているので、多くの利用者に適用できます
- チームでまとまって競い合うので、お互いの仲間意識も高まり、親密さが増します
- 基本的に座位で行うので、座位の耐久力や座位バランス能力を高めることができます
- 手で風船を打つので、上肢の運動機能を高めます
- 風船が漂っている上空を見ることが多いので、体幹や首の伸展能力を高めます

特にオススメ

- 座位耐久力
- 座位バランス
- 上肢随意性

■ ワンポイント

- チームごとにかけ声をかけたり、同じ色のたすきをかけて連帯感をもたせると、より白熱します
- 風船の大きさや空気の量を調整することで、風船のスピードが変わり、難易度を変えることができます
- 同じ人ばかりが打つことのないよう、参加者各自の能力を考え、席を決めましょう

■ リスクマネジメント

- 他の人を打ったりしないよう、人と人との距離を十分にとりましょう
- まひ側の転倒、後方への転倒が起きやすいので注意しましょう
- 片まひの利用者が並ぶ場合、まひ側同士が並ばないようにしましょう

■目的	■利用者の状態	■スタッフからの希望
座位バランスおよび上肢の耐久力を向上させる	車いす座位保持可能 上肢の運動可能	上肢の活動量を増やしたい

プログラムのアレンジ 風船パタパタ 〈発展形①〉

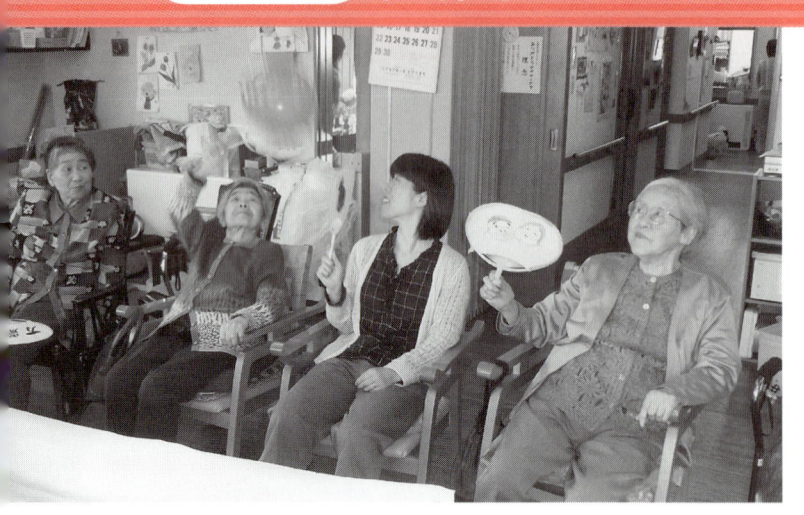

風船パタパタは、風船バレーをアレンジしたプログラムです。手で風船を打つかわりに、うちわで風船をあおぎます。そこからさらに、隊形の変化へとアレンジがすすみます。

✚ 材料
- 風船
- うちわ
- いす
- ネット、ロープ
- 笛
- 点数板

✚ 人数、隊形
- 人数…1人～
- 隊形
  対面形など

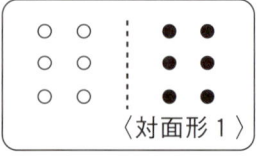

〈対面形1〉

〈対面形2〉

✚ すすめ方

基本
- ルールは風船バレーと同様です。うちわで風船をあおぐ点が異なります

ルールの一部変更例
- 「3回まで風船を叩ける」という回数制限をなくしてもよいでしょう

Ⅲ レクリエーションのレシピ

横一列の対面形2

通常のバレーボール形式だと、後ろの人がなかなか風船に触ることができないので、「全員が前衛」という横一列の対面形もよく使われるアレンジです

この際、風船が一つだと、見ているだけの利用者が多くなるので、参加者が多い場合には、6～10人につき風船を増やすとよいでしょう。この場合、後方転倒などのリスク（風船をあおぐ割合）が同時に生じるので、転倒防止策を忘れないようにします

✚ 効果・効用

- うちわを使うことで、上肢の運動量が増えます
- 比較的簡単なルールなので、軽度～中度の認知症の利用者など、多くの方に適しています
- 座位で行うので、座位の耐久力や座位バランス能力を高めることができます
- チームで競い合うので、お互いの仲間意識も高まり、親密さが増します

特にオススメ

(座位耐久力)　(座位バランス)　(上肢随意性)

■ ワンポイント

- うちわの大きさや、貼ってある紙の破れ具合によって、風の発生量が変わります。この性質を利用して、運動能力の高い人には小さいうちわや破れの多いうちわなど、風の発生量が少ないうちわを使ってもらうなどして、能力の均一化を図ってもよいでしょう
- うちわを縦にして叩くと、風船が割れやすくなるので、縦にして叩かないように伝えましょう

■ リスクマネジメント

- うちわが人の顔にあたらないよう、席の向きや距離に注意してください
- 上方の風船をあおぐときに、後方転倒の発生リスクが高まります
- 片まひの利用者が並ぶ場合、まひ側同士が並ばないようにしましょう
- 首の伸展が増えるので、首の負担を減らすため、体幹の伸展を十分に引き出すように留意してください

■目的	■利用者の状態	■スタッフからの希望
座位バランスおよび上肢の瞬発力・耐久力を向上させる	車いす座位保持可能 上肢の運動可能	上肢の瞬発力を改善したい

プログラムのアレンジ　パタパタ　発展形②

パタパタは、風船パタパタをアレンジしたプログラムです。バレー方式で風船をあおいでいたものを、机の上（もしくは床の上）でのあおぎも取り入れ、叩く要素を少なくしました。

✚ 材料

- うちわ
- 風船または薄い紙・ビニール
- 机またはいす、床
- 時計
- テープ
- 笛

✚ 人数、隊形

- 人数…8人程度〜
- 隊形
  四角形
  円形

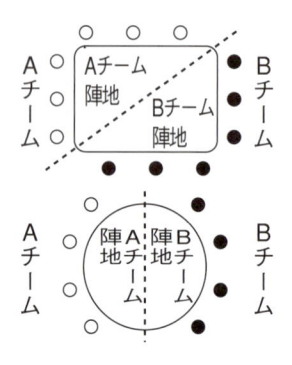

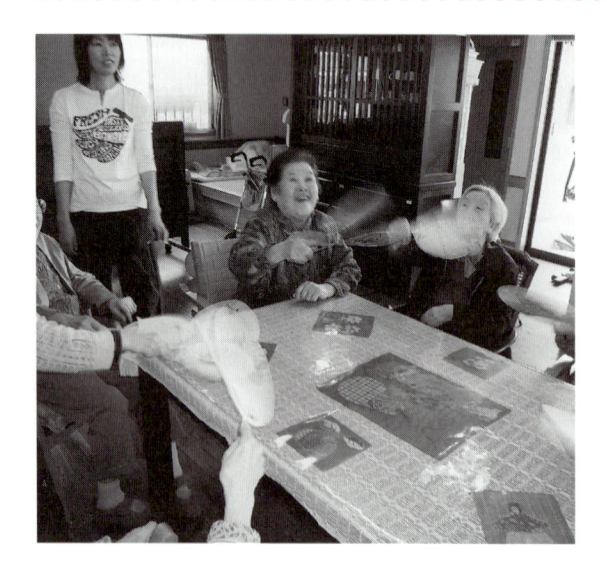

✚ すすめ方

基本

①机または床の上に置いた風船（薄い紙・ビニール）を、うちわであおぎます
②ゲーム終了（タイムオーバー）とともに、あおぐのを一斉に止めます
③風船が相手側の陣地に落ちれば勝ちです

Ⅲ レクリエーションのレシピ

いろいろなもので試してみよう
- あおぐものは、軽くて舞い上がるものならば何でもいいでしょう。風船のほか、紙やビニール袋など、ひらひら・ふわふわ舞い上がるものを探してみましょう。それぞれ動きも異なります
- あおぐものの数を増減すると、利用者の注意の方向や運動量が変わります。いろいろなものを試してみましょう

✚ 効果・効用

- 机や床を叩いてあおぐ動作と、空中にある風船や紙をあおぐ動作という2つの動作で、動作の種類・量が増えます
- 比較的簡単なルールなので、軽度〜中度の認知症の利用者など、多くの方に適しています
- 座位で行うので、座位耐久力や座位バランス能力を高めることができます
- チームで競い合うので、互いの仲間意識が高まり、親密さが増します

特にオススメ

| 上肢筋の持久力 | 座位耐久性 | 座位バランス | 全身の耐久力 |

■ワンポイント

- ゲーム終了（タイムオーバー）前にカウントダウンを行うと、参加者が一生懸命うちわをあおぎ、運動量が上がります
- うちわの形状や大きさ、席順などを工夫し、一人の参加者の力ばかりがゲームを左右することがないように注意しましょう

■リスクマネジメント

- 「風船バレー」「風船パタパタ」同様、腕やうちわが他の参加者にあたらないように注意しましょう
- 後方や側方へ転倒しやすくなります。転倒には十分注意しましょう
- 床に落ちた風船を拾おうして転倒したり、頭を机にぶつけることなどには注意が必要です
- カウントダウンのときは特に運動量が増加するので、心身面への負担や上記のリスクへの対策を忘れずに

■目的	■利用者の状態	■スタッフからの希望
座位バランスおよび上肢の瞬発力・耐久力を向上させる	車いす座位保持可能 上肢の運動可能	驚きや感動がほしい

プログラムのアレンジ　パタパタ蝶の舞　発展形③

レクリエーションは、一つのメニューを発展させることで、さまざまなメニューの提供が可能となります。
「パタパタ蝶の舞」は、「パタパタ」をアレンジしたメニューです。机の上であおぐ物を、風船やビニール袋、ビニール紐などから、ティッシュペーパーで作製した蝶に変更しました。

✚ 材料

- うちわ
- ティッシュペーパーまたはトイレットペーパー
- 机またはいす，床
- 時計
- テープ　・笛

✚ 人数、隊形

- 人数…8人程度〜
- 隊形
  円形
  四角形

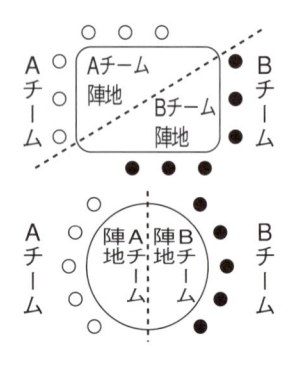

✚ すすめ方

基本

①机または床の上に置いた蝶を、うちわであおぎます
②ゲーム終了（タイムオーバー）とともに、あおぐのを一斉に止めます
③それぞれの陣地に落ちている蝶の数を数えます
④自陣に落ちている蝶の数が少ないほうが勝ちです
（基本的には座位で行いますが、立位でも実施可能です）

Ⅲ レクリエーションのレシピ

蝶の作り方

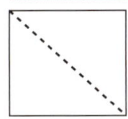

2枚重ねのティッシュを四等分したもの、またはトイレットペーパーをミシン目で切ったものを点線の位置で切ります

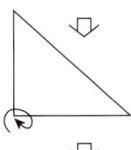

底辺の角を、こよりを作るようにひねって丸めます

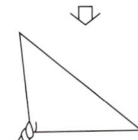

蝶の形に似せて開きます

～たくさん作りましょう～

✚ 効果・効用

- 机や床を叩いてあおぐ動作と、空中の蝶をあおぐ動作という2つの動作により、動作の種類・量が増えます
- 蝶の動きが、興味と驚きを引き起こします
- 蝶を作ることで、指先の随意性が維持・改善されます
- 思わず立ち上がりそうになるなど、下肢筋力が維持・改善されます

特にオススメ

| 上肢筋の持久力 | 座位耐久性 | 座位バランス | 全身の耐久力 |

■ ワンポイント

- 蝶の数が1～数匹の場合と多数の場合では、蝶が昇ったときに受ける印象が異なります。それぞれに良さがありますので、その良さを引き出せるような雰囲気づくり、環境づくりを工夫しましょう

■ リスクマネジメント

- 「風船バレー」「風船パタパタ」同様、腕やうちわが他の参加者にあたらないように注意しましょう
- 後方や側方へ転倒しやすくなります。転倒には十分注意しましょう

■目的	■利用者の状態	■スタッフからの希望
座位バランスおよび上肢の持久力の改善 他者との協調性・一体感の体験	車いす座位保持可能 上肢の運動可能	1つの目的に向かってお互いに協力しあう体験をしてほしい

プログラムのアレンジ 飛べ飛べ蝶々　発展形④

ゲームのアレンジ方法について学びます。
このプログラムは「パタパタ蝶の舞」をアレンジしたゲームです。活動内容に大きな変化はありませんが、チーム対抗からチーム内での協力を必要とする内容にルールを変更しています。

✚ 材料

- うちわ
- ティッシュペーパー、トイレットペーパー
- 机、いす、床
- 時計
- 笛

✚ 人数、隊形

- 人数…4人くらい〜
- 隊形
  四角形
  円形

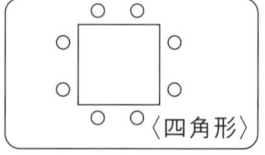

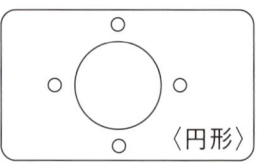

〈四角形〉
〈円形〉

✚ すすめ方

基本

①机または床に置いた蝶を、うちわであおぎます
②チームで協力しあい、できるだけ長く蝶を空中に漂わせ、その時間を競います

III レクリエーションのレシピ

蝶について

「蝶の舞」はお正月の芸や大道芸として昔から行われているため、年配の方にもなじみ深い活動です

蝶の数は1匹でも多数でもよいので、いろいろな数を試して、利用者に合うものを選んでください

✚ 効果・効用

- チーム一丸となって力を合わせて行うので、お互いの仲間意識、協力意識が高まり、親密度も高まります
- 比較的簡単なルールなので、多くの方に適用できます
- 蝶の滞空時間を競うので、能力の高まりに応じて運動量が増え、継続した機能・能力改善に結びつきやすくなっています
- 思わず立ちそうになって、下肢筋力が維持・改善されます

特にオススメ

| 上肢筋の持久力 | 座位耐久力 | 座位バランス | 全身の耐久力 |

■ワンポイント

- 蝶の数によって活動内容が少し変化します
  1匹の場合は1匹の動きに合わせた細やかな運動能力が必要とされ、多数の場合は、とにかく1つでも多くの蝶を少しでも高く飛ばそうとする力と持久力が必要とされます
  いろいろと試行する中で、利用者に合わせる能力を身につけましょう

■リスクマネジメント

- 腕やうちわが他の人にあたらないように注意しましょう
- 転倒に注意しましょう
  (特に後方、立ち上がろうとして転倒など)
- 疲労に注意しましょう
  (休息や補水を忘れないようにしましょう)

■目的	■利用者の状態	■スタッフからの希望
歌唱力の向上 記憶力の向上	歌が歌えること	相手のグループの歌をしっかり聞いて、間違えずに歌ってほしい

音楽を通して コーラスリレー

セラピューティック・レクリエーションの第一段階（治療的段階）です。歌唱力やリズム感に加え、グループで行うための協調性が必要とされます。

✚ 材料

・歌詞

（例）
① 「うさぎと亀」vs「浦島太郎」
② 「桃太郎」vs「鳩ぽっぽ」
③ 「かごめかごめ」vs「ひらいたひらいた」

✚ 人数、隊形

・人数…2人〜

✚ すすめ方

基本

2つのグループに分かれ、それぞれのチームが担当した歌を交互に歌います
① 2つの歌を全員で練習します
② それぞれのチームで担当する歌を決め、チームごとに担当の歌を練習します
③ 歌詞を覚えたら、2小節ごと交互に歌を歌います
・相手の歌に引き込まれないように注意しましょう
・可能であれば、歌詞を前方に掲示しておきましょう

Ⅲ レクリエーションのレシピ

同時コーラス

違う歌を交互に歌う「コーラスリレー」のほかに、違う歌を同時に歌う「同時コーラス」というプログラムもあります

この場合は、2つの異なる歌の音程やリズムを合わせるようにして、2チームが違う歌をそれぞれ歌います

歌の組み合わせ例

「春が来た」＆「雪やこんこ」　　「花咲じいさん」＆「金太郎」
「富士の山」＆「スキー」　　　　「肩たたき」＆「夕日」

効果・効用

- コーラス、合唱のプログラムとしては、非常に難しいプログラムの1つです
  それだけに高いレベルの歌唱力、リズム感が要求されます

特にオススメ

- リズム感
- 歌唱力
- 記憶力
- チーム内の親密度

■ワンポイント

- 十分に歌を覚えて、歌詞を見なくても歌える程度になった後で行うと、ゲームそのものに集中できて、より楽しみを味わうことができます
- 相手チームに負けないように大きな声で歌うように誘導すると、発声量・運動量が増えてきます
- ①チームで一曲通して歌う、②相手が歌っていると想定して、その間そらで歌うなど、練習も工夫しましょう

■リスクマネジメント

- 比較的リスクの低い活動です
- このプログラムに参加していない方にとっては、騒音になってしまう場合もあるので、周囲の方への気配りなど、社会的リスクマネジメントへの配慮を忘れないようにしましょう

■目的	■利用者の状態	■スタッフからの希望
下肢筋力の向上 持久力の向上	起立および立位保持可能	バランスを崩さず、素早く立ってほしい

音楽を通して ドレミファ運動

誰もが知っているドレミのうたに合わせて、立ち座りを繰り返します。
素早さが要求されるので、状態が異なる利用者同士の組み合わせには注意が必要です。

材料
・いす

人数、隊形
・人数…7人～
・隊形
　一列型
　半円（扇）型など

〈一列型〉

〈半円（扇）型〉

すすめ方

基本

「ドレミのうた」を歌いながら、各自自分の担当の音階のときに立ったり座ったりします

① 「ド」「レ」「ミ」「ファ」「ソ」「ラ」「シ」の各担当者（担当グループ）を決めます（1つの音階に対して、1人または複数の人が担当します）

② 「ドレミのうた」を歌いながら、音階（ド・レ・ミ・ファ・ソ・ラ・シ）が出てきたら、それぞれの担当（グループ）は素早く起立・着席します

III レクリエーションのレシピ

ドレミのうた

ド は　ドーナツの　ド
レ は　レモンの　レ
ミ は　みんなの　ミ
ファ は　ファイトの　ファ
ソ は　青い空
ラ は　ラッパの　ラ
シ は　幸せよ
さあ　歌いましょう

✚ 効果・効用

- 歌を歌いながら活動するので、歌のもつ効果（肺活量やリズム感の維持・改善など）だけでなく、身体活動の効果も期待できます
- いす座位からの起立および立位からのいす座位への着座を繰り返すので、体幹および下肢の抗重力筋（大腿四頭筋、脊柱起立筋、下腿三頭筋）の維持・改善が期待できます
- 歌を歌いながらの繰り返しで、呼吸器系、循環器系も含め、総合的な体力維持・改善が期待できます

特にオススメ

| 起立動作（特に下肢筋力） | 全身の耐久力 | 座位・立位バランス | 肺活量 |

■ワンポイント

- 各音階で動作の数が異なります。一番多いのは「ド」なので、体力のある人（グループ）に担当してもらいます
- 最初はルールの確認とウォーミングアップを兼ねてゆっくりと実施し、徐々にスピードアップさせていきます。間違うことなく1曲通せたら、全員で喜びをともにしましょう。仲間意識が強まります

■リスクマネジメント

- 立ったり座ったりの動作が多いので、転倒に十分注意してください
- 意外と運動量も多く疲れやすいので、適宜休息を入れ、疲労しないように留意します

DO-RE-MI
Lyrics by Oscar Hammerstein II　Music by Richard Rodgers

Copyright © 1959 by Richard Rodgers and Oscar Hammerstein II　Copyright Renewed　WILLIAMSON MUSIC owner of publication and allied rights throughout the world International Copyright Secured All Rights Reserved

JASRAC　出 0712797-701

■目的	■利用者の状態	■スタッフからの希望
肺活量・発声機能の改善 精神的ストレスの解消	発声ができる	楽しく、ほがらかに歌ってほしい

音楽を通して カラオケ

場所を問わず、また利用者の状態にも幅広く対応できることから、人気のメニューです。
気分転換や利用者間のコミュニケーションに役立てましょう。

✚ 材料

・カラオケ器材全般

✚ 人数、隊形

・人数…1人～
・隊形
　特に定めません

✚ すすめ方

基本

・施設内のカラオケや地域のカラオケボックスなどで実施します
・同じ人ばかりが歌うことがないように、順番に歌うなど、多くの方が歌えるように留意します（「Aさんだけに歌ってもらう」など、特定の目的がある場合は除きます）
・歌うことは好きだけれど、人前で歌うのは苦手だという人のために、皆で一緒に歌う歌も入れておきましょう

Ⅲ レクリエーションのレシピ

歌う方法

歌を歌う方法には、カラオケのほかにも、演奏なしで皆で歌う合唱や、1人で歌う独唱などもあります。

カラオケは伴奏があり歌いやすいですが、スピードや高さが高齢者に合わないことも多く（スピードやキー調整の機能付きも増えていますが）、器材が必要というデメリットもあります

この点、合唱や独唱はどこでも実施できますが、雰囲気に欠けたり、歌いにくいというデメリットがあります

➕ 効果・効用

- 歌を歌うことによって、肺活量や口腔顔面機能（特に発声、嚥下機能）の維持・改善が期待されます
- 歌うこと自体に、精神的ストレスの発散効果があり、仲間がいて、楽しみながら一緒に歌を歌うことができれば、より親しくなることも可能です
- カラオケや合唱によって、今まで歌唱が趣味でなかった方が、新たに歌唱が趣味となることもあります

特にオススメ

| 肺活量 | 口腔顔面機能（発声・嚥下機能） | 精神的ストレスの発散 |

■ワンポイント

- 歌う姿勢は大切です。よく、歌詞カードを膝の上に置いて歌っている場面を目にしますが、膝の上の歌詞カードを見ながら歌うと、どうしても背中が丸くなり、下向きの姿勢になります
  できれば、前方に歌詞を掲示し、背すじを伸ばして顔を上げた良い姿勢で歌うようにしましょう

■リスクマネジメント

- 身体的リスクの低い活動です
- 人前で歌うのが苦手な人、いわゆる音痴の人、歌うことが好きでない人などに、歌うことを強制しないようにすることが必要です
  歌が下手で笑われたりすると、心の大きな傷となります。精神面へのリスクマネジメントに留意しましょう

■目的	■利用者の状態	■スタッフからの希望
生きがいづくり 仲間づくり	発声が可能 1曲歌い切る持久力	発表会参加という目標をもって、日々の活動も楽しんでほしい

音楽を通して　歌の発表会

コーラスリレーやカラオケで練習した成果を、施設や事業所、さらには公共の発表会などで披露しましょう。目的があれば、やる気も増します。

✚ 材料
・会場
・発表会に必要な物品全般

✚ 人数、隊形
・人数…1人〜
・隊形
　発表会形式
　（特に定めず）

✚ すすめ方

基本

発表会の実施にあたっては、事前の準備が大切です
・参加形態
　(1)自分たちで発表会を主催
　(2)他の人や団体主催の発表会に、グループか個人として参加
・参加場所
　(1)施設内
　(2)発表会場

会場の確保、会場までの移動、会場内での移動、トイレ、体調不良時の対応、ステージの確保、ステージ衣装、ステージの飾りつけ、音響設備、演奏源など、多くの事項があります

準備例
- 会場…①会場の決定、②看板、③会場内の設定、④席数、⑤装飾全般、⑥会場内外の移動手段、⑦トイレ、⑧音響設備、⑨記録、⑩司会、⑪受付、⑫会場係など
- 告知…①入場料、②参加費、③会場費、④全体のプログラム、⑤後援、⑥主催、⑦PR手段、⑧ポスター、⑨パンフレットなど

効果・効用
- 活動、参加の範囲が広がり、本人の自信向上、生活の豊かさの向上などにつながります
  また、新たな活動・仲間づくりの可能性も高まり、その後の生活の充実にもつながります

特にオススメ
- 参加の拡大
- 活動の拡大
- 生きがいづくり
- 仲間づくり

■ ワンポイント
- 参加したときの喜びや感動が大きくなるように工夫しましょう
  そのためにも、少しでも高いレベルの発表会にすることが大切です
- 衣装や化粧にも気を配り、品の良いものにします。練習を十分に行い、少しでも高い技術の発表内容にしましょう
- PRをしっかり行い、1人でも多くの人に聴いてもらいます。発表後の成功感を味わえる工夫が必要です。写真やビデオなどを活用し、記録をしっかり残すことも忘れないようにしましょう

■ リスクマネジメント
- 発表準備および発表までの全般で、身体・精神・社会面、すべての面に対するリスクが発生します
  身体面では、移動の際の転倒などがあげられます
  精神面では、発表に対するストレスや観客の反応に対するショックなどが考えられます
  社会面では、参加や実施に関する経済的負担などがあります
  これらのリスクに対して、さまざまな角度から対策を考えることが重要です

■目的	■利用者の状態	■スタッフからの希望
計算能力の向上 目的づくり	計算が理解できる	楽しく行ってほしい

介護予防 計算

最近では、高齢者のみならず中年の方々にいたるまで、脳のトレーニングとして計算を行っています。
さまざまなレベル設定が可能なので、本人のレベルに合った課題を提供しましょう。

✚ 材料
- 計算用紙
- 鉛筆

✚ 人数、隊形
- 人数…1人～
- 隊形…特になし

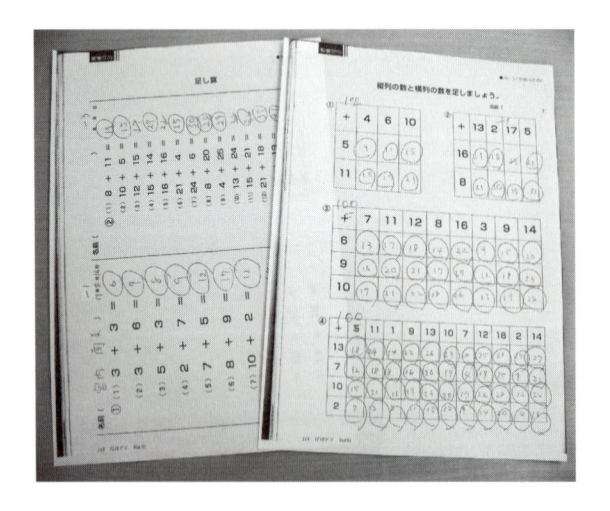

✚ すすめ方

基本

- 基本的には正答数を問いますが、複数で同じ問題を解く場合は、時間を決めて行うのもよいでしょう
- 解答用紙には、職員がきちんと○をつけ、点数を書いて返しましょう

Ⅲ レクリエーションのレシピ

万年カレンダーならぬ、万年数式

①ダンボールなどにペンでマス目を描きます
②縦と横のそれぞれ一列目に一桁の数字を書きます
③縦の数字と横の数字を足した（引いた、掛けた）数を、マスに書いていきます

✚ 効果・効用

・計算により、左脳の機能が活性化されます
・一定の時間、計算問題に集中することで、注意の集中・転換機能を賦活します

特にオススメ

| 計算能力 | 注意力 | 短期記憶力 | 手指の巧緻性 |

■ワンポイント

・紙の大きさを大きくすると、注意の転換量や記銘の必要時間量が増え、難しさが増します

A4 → A3

マス計算の場合、同じ問題でも難易度が増します

・問題はあらかじめ何種類も作成しておきます

■目的	■利用者の状態	■スタッフからの希望
左脳の活性化	文字の認識ができる	昔の記憶を思い起こしてほしい

介護予防 写文・なぞり書き

写経を代表とする写文・なぞり書き。リハビリの分野では、書字訓練として以前からよく使われているプログラムです。

➕ 材料

・見本の文章、漢字の課題用紙
・鉛筆
・写文の場合は白紙の紙

➕ 人数、隊形

・人数…1人～
・隊形…特になし

➕ すすめ方

基本

・最初から長文や小さい文字だと、難易度が上がります。大きな文字・短い文章から始めましょう
・よく知られている文章から始めると、利用者も親しみが湧くでしょう

Ⅲ レクリエーションのレシピ

写文・なぞり書きの種類
- お経
- 俳句
- 短歌
- 川柳
- 詩
- 小説の一部
- ことわざ
- 四字熟語　など

✚ 効果・効用

- 書字により、左脳の機能が活性化されます
- 一定時間集中することで、注意の集中・転換機能が賦活されます

特にオススメ

| 書字機能の活性化 | 注意力 | 短期記憶力 |

■ワンポイント

- 一文字の大きさや文章の内容によって、難易度がつけられます
- 最初はやさしい文章にして、ストレスが蓄積しないようにしましょう
- 原本は別途保管します

■目的	■利用者の状態	■スタッフからの希望
筆圧の向上	筆をもつことができる	家族に作品をみせてあげたい

介護予防 ぬり絵

色を使うレクリエーションは、利用者の心を和ませるものです。
最近ではさまざまな種類のぬり絵が市販されていますので、利用者の好みに合わせた作品を提供しましょう。

✚ 材料

- 下絵
- 絵の具 or 色鉛筆など

✚ 人数、隊形

- 人数…1人〜
- 隊形…特になし

✚ すすめ方

基本

- 利用者の描きたい下絵を選びます
- 完成図を参考に、もしくは利用者の思い描くままに、色をつけていきます
- 片まひなどで下絵を上手に押さえることができない方は、ペーパーウエイトを置いたり、テープなどで下絵を机に貼って行いましょう

Ⅲ レクリエーションのレシピ

作品展示
- できあがった作品は、施設や事業所の廊下に掲示するなどのほか、公共施設向けの展示に出品したり、家族に渡したりなど、活用の用途も考えましょう

✚ 効果・効用

- 幼稚なものになるか、大人向けのぬり絵になるかは、下絵のデザインに大きく左右されます。特に理由がない限りは、子ども向けの下絵を選ばないようにしましょう
- 図柄の細かさにより、必要とされる上肢機能や認知機能のレベルが変わります。認知症の方は、図柄の細かさの影響が大きいので、レベルに合わせたものを選びます

特にオススメ

| 手指の巧緻性 | 筆圧の向上 | 楽しみづくり | 目と手の協調性 |

■ぬり絵活用法

- 筆圧の向上
  上肢の筋力が低下した方やまひのある方の利き手交換などの際には、紙に文字を書く力（筆圧）が低下し、上手に文字が書けない場合があります。この際、ぬり絵を濃く塗る練習をすることで、筆圧を高めるトレーニングをします

- 精神面の把握など
  見本を用いずに自由に彩色してもらうことで、そのときの認知機能（半側空間無視など）や感情が把握できます

■目的	■利用者の状態	■スタッフからの希望
口腔・発声機能の改善	発声できる	大きく、はっきりと発声してほしい

介護予防 早口ことば

早口ことばは現場でもよく行われるプログラムの一つですが、口腔の機能改善を意識して行うことで、食事の摂取量を維持・改善するなどの効果も期待できます。

✚ 材料
・早口ことばを書いた掲示物

✚ 人数、隊形
・人数…1人～
・隊形
　学校形式

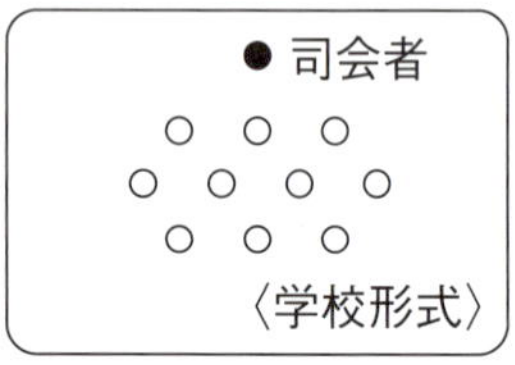

```
● 司会者
○ ○ ○
○ ○ ○ ○
○ ○ ○
〈学校形式〉
```

✚ すすめ方

基本
①おしゃべりをして、口を動かす準備運動をしておきます
②「ア・イ・ウ・エ・オ」「パ・タ・カ」などでウォーミングアップ
③歌を1曲歌ってウォーミングアップ
④早口ことばを言います
　最初はゆっくりと言い、徐々に早く言うようにします

III レクリエーションのレシピ

早口ことば

- 生麦　生米　生卵
- となりの客は良く柿食う客だ
- 竹垣へ竹立てかけたのは竹立てかけたかった
- 青巻紙　赤巻紙　黄巻紙
- 瓜売りが瓜売りに来て　瓜売れず　瓜売り売り帰る　瓜売りの声
- お綾や母親におあやまりなさい
- 東京都特許許可局
- 青パジャマ　茶パジャマ　黄パジャマ
- 坊主が屏風に上手に坊主の絵を描いた
- 京の生鱈　奈良生きた鱈
- 飛脚柿むく　お客柿食う
- 毛牛蒡　長牛蒡
- 庭には二羽裏庭には二羽ニワトリがいる
- バスガスばくはつ
- 蛙ひょこひょこ三ひょこひょこ合わせてひょこひょこ六ひょこひょこ

効果・効用

- 早口ことばを言うことによって、楽しみながら発声練習、口腔運動訓練ができます
- 口腔機能の改善を目的とします
- 主に口、舌の巧緻性、敏捷性、協調性の維持・改善が期待されます
- ひと息で何回も早口ことばを言うことによって、肺活量の維持・改善が期待できます
- 食事の前に実施することによって、誤嚥性肺炎の予防が期待でき、食後に行うことで、気道付近に付着していた食事の残渣の除去を促進します

特にオススメ

口や舌の巧緻性　　肺活量　　誤嚥性肺炎の予防

■ワンポイント

- 楽しみながら皆で行うことが大切です　参加者各自が声を出しているかチェックしながら進めていきましょう
- 早く何回も言うことよりも、はっきりと言うことを重視してください

■リスクマネジメント

- 比較的リスクの低い活動です
- 参加していない方には、大きな声はうるさいので注意が必要です
- 休憩を入れず続けて行うと、酸素不足、過呼吸になる可能性もあるので、適時休みを入れながら実施しましょう

■目的	■利用者の状態	■スタッフからの希望
バランス能力の改善 注意分割機能の向上	歩行および片足立ちが可能	膝を高く上げて、風船をリフティングしてほしい

介護予防 風船運び

直接的な歩行バランスの改善や、腸骨筋・大腰筋の強化による転倒予防のプログラムです。

材料
・風船

人数、隊形
・人数…1人〜
・隊形
　特になし

すすめ方

基本

①太ももで風船をリフティングしながら、ゴールに向かって歩きます
②一番長い距離を歩いた人、またはゴールまで一番短い時間で到着した人の勝ちです

Ⅲ レクリエーションのレシピ

そのほかのルール
(1) その場で風船をリフティングし、一番長い時間または多くの回数をリフティングできるよう競い合います
(2) 各チームに分かれ、リレー形式で競い合います

✚ 効果・効用

- 風船をリフティングしながら歩いたり、その場でバランスを保ったりしなければならないので、バランス能力の維持・改善とともに、注意分割機能の維持・改善が期待できます
- リフティングにより腸腰筋（腸骨筋と大腰筋）が使われるので、転倒予防の効果が期待されます

特にオススメ

 バランス能力 　　全身の耐久力　　注意分割機能

■ワンポイント
- スタートラインからゴールまでの距離を長くすると運動量が増えます
- 元気な人には足首に重りをつけてもよいでしょう。運動量が増加します

■リスクマネジメント
- 一度に2つの活動を要求されるので、転倒のリスクが高まります
利用者は移動するので、スタッフもその動きに合わせたマネジメントが要求されます

■目的	■利用者の状態	■スタッフからの希望
全身の耐久力の増加 移動能力の増加	立位可能で、指の巧緻性が高い	楽しんでほしい 移動量を増やしてほしい

介護予防 じゃんけんサッカー

ここでは、介護予防に有効なレクリエーションを紹介します。じゃんけんサッカーは、移動量が多く、体力増強や筋力向上に有効です。

✚ 材料

・時計
・得点板
・笛

✚ 人数、隊形

人数…12人～
(可能ならば11人×2チームがよい)
・隊形
　右図を参照

```
          ゴールキーパー
              ○
3列目 --○---○---○--
2列目 --○---○---○--
1列目 -○---○---○---○-
       スタートライン
       ● ● ● ● ● ● ● ●
       〈開始時の隊形〉
```

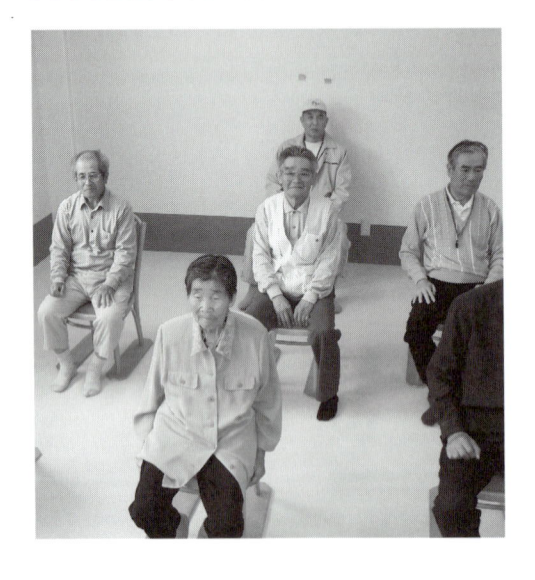

✚ すすめ方

① 守備側と攻撃側の2チームに分かれます
② 攻撃側はスタート地点に並び、開始の合図で守備側の1列目の人とじゃんけんをします。勝った人は2列目の人とじゃんけんをし、さらに勝ったら3列目とします。さらに勝った場合、ゴールキーパーとじゃんけんをし、勝ったら1点です。途中どこかで負けた人は、スタート地点まで戻って最初からやり直します
③ 時間がきたら、攻撃チームと守備チームが入れ替わります
④ 時間内にたくさん点数を入れた(ゴールでじゃんけんに勝った)チームの勝ちです

Ⅲ レクリエーションのレシピ

人数が少ない場合

サッカーなので11人いるとよいのですが、施設によっては、少ない人数しか参加できないこともあると思います

この場合、参加者数に合わせて防御ラインを変化させましょう（右の図はあくまで一例なので、他の隊形でもかまいません）

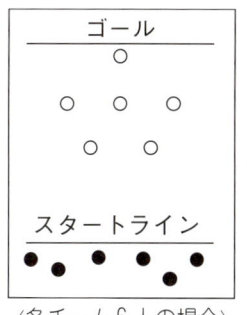

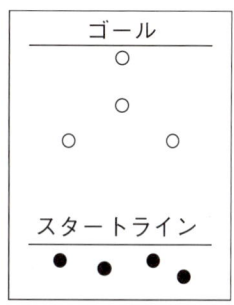

〈各チーム6人の場合〉　〈各チーム4人の場合〉

✚ 効果・効用

・運動量が多いので、全身耐久力（体力）を高めるのに効果的です

特にオススメ

- 全身の耐久力
- 歩行能力

■ワンポイント

- 攻撃時間を長くすると運動量が増えます
- 元気な人ほど何往復もするため、運動量が増えます

■リスクマネジメント

- 運動量が多く動きも多いので、疲労に注意してください
- 攻撃中でゴールに向かう人、じゃんけんに負けてスタートラインに戻る人など、さまざまな運動方向の人が交錯するので、衝突に注意が必要です

■目的	■利用者の状態	■スタッフからの希望
身体機能の向上 活動量の増大	各ポイントの課題ができる	自力で移動可能な人は活動量を増やしてほしい

介護予防 オリエンテーリング

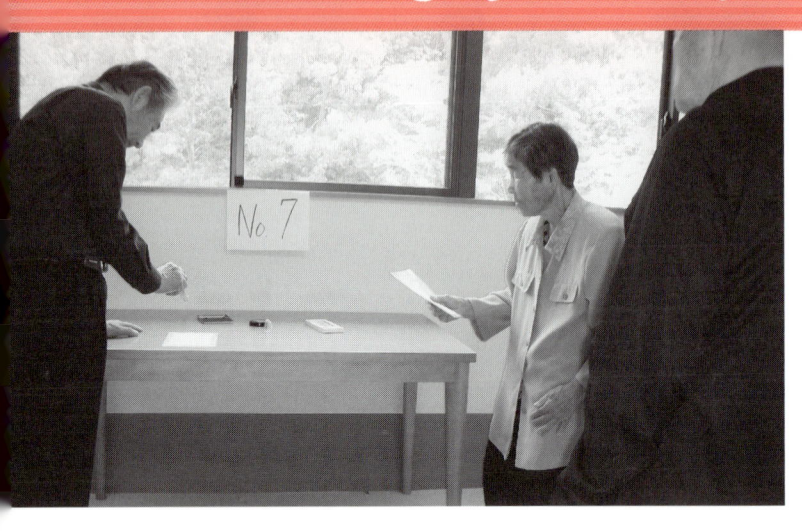

移動量・範囲が広く、基礎体力や移動能力を高めるプログラムを紹介します。

各ポイントの課題設定は自由なので、課題を工夫して、筋力増強や認知症予防に役立てることができます。

材料
- 紙
- マジックかペン
- 机またはテーブル
- スタンプおよびスタンプ台

人数、隊形
人数…2人～
- 隊形
  特になし
  個人で回る形態と、何人かがグループになって回る形態のどちらでもOKです

すすめ方

基本
①施設（事業所）内のあちこちにあるポイントを、地図が示す通りの順番に回っていきます
②各ポイントにはさまざまな課題が示されており、その課題をクリアしながら進んでいきます。各ポイントをクリアしたら、その証拠としてスタンプを押します
③すべてのポイントを一番早く回ってゴールしたチーム（人）の勝ちです

III レクリエーションのレシピ

各ポイントでの指示例

- バーベルを持って肘曲げ 10 回
  （左右両方 1 セットずつ）

- ゴムチューブを両手で 20 回伸ばす
  （戻す時はゆっくり戻すこと）

- もも上げ 10 回（左右 1 セットずつ）
  （元気よく数を数えながら行う）

- トイレットペーパーを今のっているいすから反対側のいすへ 10 個すべて移動させる
  （いすといすの間の足形のところに立って、足は動かさずその場で体を回旋させて行うこと）

- 風船を 10 回ずつ手で打ち続ける
  （途中で落ちたらやり直し）

✚ 効果・効用

- オリエンテーリングで各ポイントを移動するので、移動能力の維持・向上が期待されます
- 各ポイントの指示内容によって、各種身体・精神・社会機能の維持・改善が期待されます

特にオススメ

身体機能　　認知症予防　　社会機能

■ワンポイント

- 各ポイント間の移動距離を長くすることで運動量、移動量が増大します
- 各ポイントの指示内容を変化させることにより、さまざまな効果を得ることができます
  （例）
  ・歌を歌う…口腔機能改善
  ・片足立ちをする…転倒予防
  ・スクワットをする…筋力増強

■リスクマネジメント

- 移動が多いので、転倒や疲労に注意します
- 各ポイントの指示内容によって、リスクマネジメントの内容も変化します
スタッフ間で話し合いをしっかりともち、万全の体制をとりましょう

■目的	■利用者の状態	■スタッフからの希望
体力向上 精神的ストレスの解消	臥位～歩行可能 外気に触れても大丈夫な基礎体力	散歩を楽しんでもらいたい

生活機能の改善　散　歩

ここでは個人の生活機能改善の視点からプログラムの発展例を示します。

このプログラムは主に、機能および活動の維持・改善（散歩による全身耐久力の向上・カロリー消費）を目的としています。

✚ 材料

・散歩用の靴

✚ 人数、隊形

・人数…1人～
・隊形
　特になし

✚ すすめ方

基本

・散歩のような活動は継続することが大切です。最初は短時間、短距離でもいいので、継続への支援に重点をおいてください

Ⅲ レクリエーションのレシピ

社会参加の第一歩

ICF とは International Classification of Functioning Disability and Health の略です。ICF では、人が生きることを「心身機能・身体構造」「活動」「参加」の3つの要素が相互複合的に作用して「生活機能」を形成するとしています

散歩は社会参加の第一歩となります。ここでは散歩が目的化するのではなく、目的に向けた手段としての散歩を意識しましょう

✚ 効果・効用

- 散歩により、呼吸器・循環器系を中心とする基礎体力の維持・改善が期待されます
- 散歩は有酸素運動の代表的なメニューの1つであり、糖尿病の方のカロリー消費にも有効です
- 疾病予防効果もあり、特に生活習慣病や認知症予防などの効果が明らかになっています
- 屋外に出て外気に触れることは、精神的なストレス解消にも役立ちます。逆に、外へ出ないことが精神的ストレスの蓄積にもつながります

特にオススメ

- 体力の維持・改善
- カロリー消費
- 各種疾患予防
- 精神的ストレスの解消

■ワンポイント

- アスファルトやコンクリートなどの屋外道路は、膝や足首へのショックが強いものです。散歩の際にはショックを和らげる靴を着用しましょう
- 雨の日や風の日など天候が悪く散歩ができないときはどうするかなど、あらかじめ代案を決めておきましょう

■リスクマネジメント

- 散歩は比較的リスクの少ない活動の1つですが、以下の事項については注意が必要です
  - 転倒および転倒による骨折
  - 交通事故や行先不明
  - 他人の土地への侵入
  - 誤って物をもって帰るなど

■目的	■利用者の状態	■スタッフからの希望
身体活動量の向上 役割づくり	対象となる動物を認識できる	動物とのふれあいで、心身の活動量を増やしてほしい

生活機能の改善　動物介在活動（AAA）

動物は年齢や性別を問わず、誰にとっても愛らしいものです。「世話をする」という役割を自覚することで、日々の活動にも張りが出てきます。

✚ 材料

・犬または猫

✚ 人数、隊形

・人数…1人～
・隊形
　特になし

✚ すすめ方

基本

本人の好みと本人に必要なこと、動物のもつ特徴を総合的に決めていきます

①本人の好きな動物とその種類
　例：トイプードル（小型）が好き
　　　三毛猫が好き
　　　人なつっこくてまとわりつくような犬が好き…など

②本人に必要なことや、本人に望まれる活動
　例：しっかりと抱いて、背中などを何回もなでる上肢の活動
　　　ボールを床に投げる上肢機能と、目と手の協調性が必要
　　　さみしがり屋なので、話し相手となるような犬か猫…など

③動物のもつ特徴
　例：投げられたボールをとりに行くのが好き
　　　じっとして抱かれるのが好き…など

AAAとは…

Animal Assisted Activity の略で、「動物介在活動」と訳されます。
医療資格を有する医師、看護師、PT、OT が治療として行う AAT（Animal Assisted Therapy）とは区別されます。
動物とふれあい、利用者の生活の質の向上や情緒安定、レクリエーション効果を目的とします。

✚ 効果・効用

- 活用の方法によって、身体面から精神面、社会面といろいろな効果が期待できます
    - 動物を抱いたり一緒に遊んだりすることで、使う筋肉や関節可動域の維持・改善が期待できます
    - 動物と一緒にいて頼られることで、ストレスの解消、孤独感の解消、自尊心の回復が期待できます
    - 動物との散歩で他の飼い主と仲良くできたり、愛犬家や愛猫家のサークルに入って役割をもつといった社会的な参加、生活範囲を広げることが期待できます

特にオススメ

- 身体面の維持・改善
- 孤独感の解消
- 社会的な参加

■ワンポイント

- 各動物別動物由来感染症

種別	病名
犬	狂犬病　パスツレラ病 レプトスピラ病　回虫症 ヒト犬系犬虫症
猫	トキソプラズマ病 パスツレラ病　猫ひっかき病 回虫症
そのほか	鳥：オウム病 うさぎ・ハムスター：パスツレラ症 カメ：サルモネラ病

■リスクマネジメント

AAA でのリスクマネジメントで一番大切なことは動物由来感染症（人畜共通感染症）です。以下の点に注意しましょう

- 犬の予防注射
- 口うつしで餌を与える、食器を共用するなどの過剰なふれいあいはしない
- 動物にさわったら必ず手を洗う
- 動物は、ブラッシングなどこまめに手入れして清潔にしておく
- 室内で飼育するときは換気する

■目的	■利用者の状態	■スタッフからの希望
体力向上 他者との交流	犬と一緒に移動できる移動能力	自然を楽しみ、他者と会話するなど楽しんでほしい

生活機能の改善　犬と散歩

「散歩」と「動物介在活動」を合わせた活動です。
活動範囲の拡大や活動量の増加を視野に入れ、少しずつ量や時間を増やしていきましょう。

✚ 材料
- 犬
- 散歩用のシューズ、靴
- リード（犬をつなぐひも）
- 犬のふんを始末する道具一式

✚ 人数、隊形
- 人数…1人～
- 隊形
  特に定めず

✚ すすめ方

基本

散歩をする本人だけでなく、犬に対する準備も必要となります
①本人に対して
- 散歩自体に慣れる必要があります。最初は無理をせず、短時間・短距離から始めましょう
- 屋外歩行では、膝や足首を守るために靴の選択が重要となります。ウォーキング用の靴を選びましょう

②犬に対して
- 散歩に慣らす必要があります。散歩のとき、むやみに他人や犬に対して吠えないようにすることや、むやみにいろいろなところへ行こうとしないことをしつけておく必要があります

III レクリエーションのレシピ

アドバイス
- **散歩をするなら小型犬**
  中型犬や大型犬は力が強く、力が弱っている方では突然の動きに対処できません
- **夏の暑い日は散歩をしない**
  夏の路面は予想以上に高温になっています。足の裏のやけどや熱中症になりやすいので、暑い日中の散歩は止めましょう
- **犬のふんは持ち帰りましょう**
  犬のふんは歩く人や周囲に住む人の迷惑になります
  埋めるのではなく、持ち帰るようにします
- **コース時間帯を考える**
  犬の嫌がるコース・時間帯もあります。その犬に合った時間、コースを設定してください

〈犬との散歩5か条〉
1. 散歩をするなら小型犬に
2. 暑い日中は散歩は中止しましょう
3. 犬のふんは持ち帰りましょう
4. 散歩のコース、時間は犬の気持ちも大切に
5. 散歩中の拾い食いは止めさせましょう

✚ 効果・効用
- 犬を世話しているという役割を担うことで、自尊心や満足感が得られます
- 犬を散歩させなくてはいけないという義務感が生まれ、散歩を継続する確率が高まります
- 犬がリードを引っぱったり、犬を引っぱることで運動量が増えます
- 犬を通して他者との会話の機会が増えます

特にオススメ
- 社会的欲求の充足
- 基礎体力の維持・改善
- 他者との交流
- 疾病予防

■ワンポイント
犬との散歩も継続が大切です。そのためには、以下の事項に注意しましょう
- 他の散歩者や犬とトラブルを起こさない
- 散歩開始まで、スタッフが実際の時間コースを何回も歩き、問題がないかチェックします
- 散歩開始後も随時スタッフが同様に、問題がないかチェックしましょう

■リスクマネジメント
- 通常の散歩と同じリスクマネジメントが必要となります
  （転倒、交通事故、行先不明（道に迷う）他人宅や土地への侵入、他）
- 犬を連れていくことで、転倒のリスクが高まります
- 犬が他の人や犬を吠えて驚かせたり、かんだりする可能性もあります

■目的	■利用者の状態	■スタッフからの希望
認知機能の賦活 精神的ストレスの解消	外出できる基礎体力	見るだけでなく、五感を使って自然を感じてほしい

生活機能の改善　自然観察

「散歩」の途中での「自然観察」を通して、社会参加への改善を促します。
春であれば、桜の開花状態を来られない他の利用者に伝えるなどの役割づくりにも気を配りましょう。

✚ 材料
・靴

✚ 人数、隊形
・人数…1人〜
・隊形
　特になし

✚ すすめ方

基本

・散歩などの外出の際、単に歩くのではなく、意識して周囲の環境に注意を払うことが、効果を高める上で重要となります

この際、視覚、聴覚、嗅覚、味覚、触覚のいわゆる「五感」を多様な方法で活用することが望まれます

そのためには、スタッフの言葉がけや誘導などの何気ないケアが重要です

Ⅲ レクリエーションのレシピ

散歩＋自然観察＋役割づくり

例：最初は糖尿病の症状改善として、カロリー消費を主な目的として散歩していましたが、認知症の予防や楽しみづくりのため、散歩の際に積極的に自然を楽しむ工夫をとり入れ、他の利用者に役立ち、かつ散歩に出たいと思わせることとして「○○気象庁の開花情報」を掲示しました。

これは、「散歩を習慣づける」、開花の様子を覚えてもらう「記憶トレーニング」、「役割づくり」を目的としています。

✚ 効果・効用

- 日々変化する自然を観察することは、散歩の継続を促進します
- 自然を楽しむことによって、絵画、俳句など新しい趣味発掘の可能性が高まります
- 自然に触れることで、精神的ストレスの解消が期待できます
- 散歩による身体活動に加えて、自然観察による五感への刺激で、認知症予防効果の向上が期待できます

このほか、散歩で得られた効果全般が得られます

特にオススメ

| 認知症予防 | 新しい趣味活動 | 役割づくり | 精神的ストレスの解消 |

■ ワンポイント

- 自然観察における五感の刺激例
- 視覚…「あの花の色とこっちの花、どちらが濃い色ですか」
- 触覚…「この葉っぱはツルツルしてますか、ザラザラしてますか、厚さはどのくらいですか」
- 味覚…「この柿はどんな味がしますか」
- 嗅覚…「この花とこちらの花、どちらの匂いが好きですか」
- 聴覚…「今、何種類の鳥の鳴き声が聞こえますか」

■ リスクマネジメント

- 転倒、植物や木の枝による切り傷
- 交通事故
- 有毒植物の採取
- 木の実などによる服の汚れ、着色
- 虫さされ、咬傷（特にハチ、ヘビ）など、自然界の動植物に対する注意を怠らないようにしましょう
- 風、雷などの気候、天候にも注意しましょう

■目的	■利用者の状態	■スタッフからの希望
上肢機能の改善 社会参加の増加	クラフトができる手の巧緻性	他者とのかかわりを増やし、社会参加へのきっかけとしてほしい

生活機能の改善 クラフト

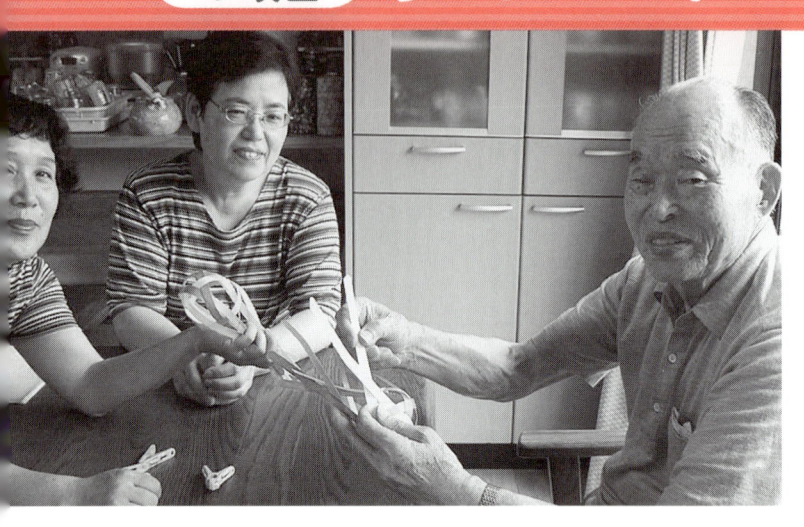

形あるものをつくり、それができ上がったときのよろこびは何物にも代えられないものがあります。作品をプレゼントする、展示会に出品するなど、作成後の活動も楽しみです。

✚ 材料

- 経木（または紙バンド）
- はさみ
- 接着剤
- 糸

✚ 人数、隊形

- 人数…1人〜
- 隊形
  特になし

✚ すすめ方

① あらかじめ、経木・紙バンドを、必要な本数だけ、適当な長さに切っておきます
② 経木・紙バンドを組み立てていきます（必要に応じて接着します）
③ 最後に、飾ることができるように糸をつけます

✚ 事例を通して

(1) 身体機能・精神機能の改善、向上

- Aさんの生活歴・趣味歴から、経木クラフトが好きで得意であると判明したので、上肢の巧緻性の維持・改善、各種認知機能の維持改善を目的に、経木クラフトを開始しました
  しかし経木は高価なので、同じような形状をした梱包用の紙バンドを活用することにしました
  紙バンドの入手方法は、近隣の新聞配達会社に無料で譲ってもらうよう交渉しました

III レクリエーションのレシピ

(2) 活動の改善・向上

- 経木クラフト、紙バンドクラフトを日常的な活動とし、生活に定着させるために、施設での活用を促進し、同時に他者へプレゼントすることを支援しました

〈具体的な活用法〉
1) 施設内に飾ったり、実際に活用します
2) 施設見学会のプレゼント品とします
3) 職員や面会者、ボランティア、利用者へのプレゼントとします

(3) 参加の改善・向上

- Aさんは、自分が習得した技術を次代の人に継承したいという思いが強いことから、「技術を習うボランティア」を募集し、週1〜2回、本人を講師とするクラフト教室を開催しました
- 他のグループとの交流時や公共施設利用時に、プレゼントやお礼として本人の作品を提供しました
- 住民の1人として、地域の文化祭に作品を発表し、その際にもクラフト教室の受講生募集を告知しました

特にオススメ

上肢機能　　社会参加

■ まとめ

この事例のAさんは、98歳のグループホーム入居者です
本人の生活機能を高めるためには、施設や職員、地域に存在するさまざまな資源の活用が重要になります
この際、今までにない活用方法を思いつく豊かな発想力が必要となります

文化祭での発表後半年ほどして、脳梗塞を発症して左片まひとなりました。幸い、左上肢の動きは中程度残存しているため、リハビリを兼ねて現在、身心機能の向上・改善を目的としてクラフトを継続中です

■目的	■利用者の状態	■スタッフからの希望
手指の巧緻性向上 男性利用者の参加	粘土をこねることができる	生活で使用できる作品を作成してほしい

生活機能の改善　陶芸

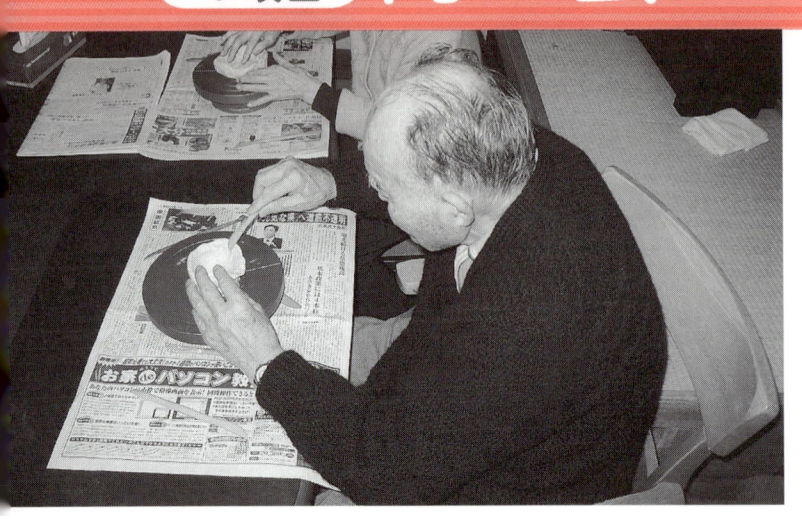

最近では電気窯も登場し、身近になった「陶芸」。特に男性利用者に人気があるメニューです。日々使うものを作製するので、レクリエーションにも熱が入ります。

✚ 材料

- 粘土
- 新聞紙
- ろくろ（電動、手動）
- 刷毛
- 絵の具
- 釉薬（うわぐすり）
- 作業台
- 釜

✚ 人数、隊形

- 人数…1人～
- 隊形…特になし

✚ すすめ方

基本

①粘土をよくこね、ろくろを使って作品の形にします
②よく乾燥させます
③窯で焼きます（素焼き）
④素焼きの終わった作品に色や絵を描き、最後に釉薬を塗り、再度釜で焼いてでき上がりです

Ⅲ レクリエーションのレシピ

> **注意事項**
- 粘土や絵の具により、作業台や床の汚れが激しいので注意が必要です。新聞紙などを敷いて行いましょう
- 材料費や窯の使用料がかかるので、希望者には最初に実費額を提示しましょう

✚ 効果・効用

- 比較的簡単にできるので、多くの利用者が参加できます
- 手や指の筋力や協調性、巧緻性を必要とするので、上肢特に手指機能の維持・改善に効果的です
- 作品が完成した際の精神的満足感も高く、場合によっては作成した作品を販売するなど、社会活動・参加に結びつけることができます

特にオススメ

| 手指の巧緻性 | 手指の筋力増強 | 目と手の協調性 | 作品の販売 |

■ ワンポイント

- 電子レンジで陶芸ができる小型窯や、七宝焼ができるセットも販売されています
- 手工芸店などで販売されている「工作用オーブン陶土」という粘土は、電子レンジのオーブン機能で焼き物が作成できます（アルミホイルの上によく乾燥した作品を置き、160〜180℃で10分間焼きます）
- カセットガスで作成できる家庭用の陶芸釜は、粘土や各種の道具込みで数万円程度で販売されています
- 近隣の陶芸家の先生の協力を仰ぎ、利用者への指導、釜の利用などを相談してもよいでしょう

■目的	■利用者の状態	■スタッフからの希望
肺活量・呼吸機能の改善	呼息が可能	短時間に多くの息を勢いよく出してほしい

ピンポン球ホッケー

生活機能の改善

セラピューティック・レクリエーションの視点から、自立へ向けたプログラムです。
ピンポン球ホッケーは、治療的段階（肺活量、1秒換気量の増大）のレクリエーションです。

材料

- ピンポン玉
- 机、いす
- 棒
- テープ
- △点数板
- △笛
- △時計

人数、隊形

- 人数…2人～
- 隊形
  - 対面型
  - コの字形
  - L字型

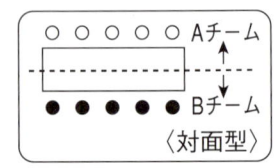

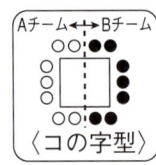

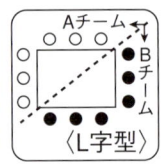

〈対面型〉 〈コの字型〉 〈L字型〉

すすめ方

基本

① テーブルの上にテープを貼り、それぞれのチームの陣地を明確にします
② テーブルの上に、各チーム均等になるようにピンポン玉を撒きます
③ 開始の合図とともに、息でピンポン玉を相手の陣地に吹き飛ばします
④ 終了の合図とともに、息を吹きかけるのを止めます
⑤ ピンポン玉を相手の陣地に数多く吹き飛ばしたチームの勝ちです

Ⅲ レクリエーションのレシピ

> **ゲームの前にゲーム！**
> 〈ピンポン玉吹き飛ばしゲーム〉
> ・テーブルの上のピンポン玉を、1回の息だけでどれくらい遠くまで転がすことができるかを競います
> ⇩
> ・上位から順番に番号をつけていき、奇数と偶数にチーム分けするなど、チーム分けにも利用できます
> ・ピン球ホッケーに向けたトレーニングや練習としても利用できます

✚ 効果・効用

・息を一度に勢い良く出すことをくり返し要求されるため、呼吸筋の瞬発力や口腔・顔面機能の瞬発力・協調性がトレーニングされます。また、たくさんの空気を吸うので、肺活量の維持・改善も期待されます

特にオススメ

| 呼吸機能（特に瞬発的な呼吸機能） | 呼吸機能（肺活量） | 口腔顔面筋の協調性 |

■ワンポイント

・身体的な運動量は少ないですが、呼吸器系や循環器系への負荷は多いので、過度な負荷にならないよう、短いゲーム時間にします
・どちらかというと瞬発力を高めるゲームなので、このゲームとは別に、一息でできるだけ長く安定した声を出してもらうプログラムも実施するとより効果的です

■リスクマネジメント

・激しい呼吸運動が要求されるので、過呼吸や酸素不足などによるめまいや立ちくらみ、気分不良に注意してください
・ゲームとゲームの間には会話を入れるなど、休憩時間を必ずとるようにします
・血圧の高い人や呼吸器疾患がある方で、激しく息を吐出すことが禁じられている人には行わないようにしましょう

■目的	■利用者の状態	■スタッフからの希望
身体機能の維持 役割をもつ	包丁などへの認知 まひのある方へは自助具などを活用	けがなく、おいしく楽しみながら作ってほしい。 献立まで立てられれば、楽しみも広がる

生活に根づく 調理

私たちは、生活のなかでさまざまな活動をしています。その活動を楽しむことも大切なレクリエーションです。
グループホームなどで意欲的にとり入れられている調理は、日常生活に役割意識をもつなどさまざまな効果が期待できます。

✚ 材料

- 調理器具全般
  片まひの方には、片まひ向けの調理器具も開発されていますので、必要ならばこれらの調理器具を活用するとよいでしょう

✚ 人数、隊形

- 人数…1人～
- 隊形
  特になし

✚ すすめ方

基本

- 最初は簡単で失敗が少なく、なじみのある調理から始めます
- 最初から濃い味つけにしてしまうと、後で味を整えるのが難しくなるので、最初は薄味で調理するようにしてください
- 徐々に行程が複雑で複数の調理行為が同時進行するように、調理をすすめていきましょう

Ⅲ レクリエーションのレシピ

簡単で失敗が少ない料理の例
- カレー
- シチュー
- 肉じゃが
- サンドイッチ
- ハンバーグ
- トンカツ
- チキンカツ
- コロッケ
- お好み焼
- チキンライス
- 炒飯
- 焼きそば
- 焼きうどん
- 煮うどん
- スパゲティ
- おにぎり

効果・効用

- 調理は切る、ちぎる、焼く、炒める、煮る、混ぜるなど、さまざまな行為から成り立っているため、上肢の運動機能のトレーニングにも適しています
- 調理は触覚、味覚、嗅覚、聴覚、視覚の五感を刺激し、活動中にもこれらの感覚を使用します。また、材料を切りながらお湯を沸かしたり、煮物をしながらお皿を洗ったりなど、一度に何種類もの活動を同時に行う能力を必要とします。併せて、お湯が沸く時間を予測しながら野菜を切るといった計画力も必要とされます。これらの複合的な作用により、認知症予防にも効果を示します

特にオススメ
- 認知症予防
- 上肢運動機能
- 注意力

■ワンポイント
- 調理者だけでなく、周囲の方にも調理を通してのプログラムを提供するとレクリエーションの幅も広がり、利用者間の一体感も高まります
- プログラムの例
  - 調理前の材料を見せて各材料の名前を当てる
  - 調理前の材料を見せて料理名を当てる
  - 調理中の匂いを嗅いで料理名を当てる
  - 各料理の栄養効果を説明する

■リスクマネジメント
- 調理中のけが、火傷に対してのリスクマネジメントが第一です
  包丁、皮むき器、おろし器、くしなどでのけがが多いです
  また、火傷では熱湯などでの火傷のほか、ガスの火（特に青い火は見えにくい）が袖に燃え移る事故も多いので注意しましょう
- 調理を介した感染症にも注意が必要です

■目的	■利用者の状態	■スタッフからの希望
食事摂取量の増加 社交性を育てる	食事が摂取できる（含経管栄養）	本人の食べたいものを、楽しみながらたくさん食べてほしい

生活に根づく 食事

自らが調理に参加しなくても、食事は多くの高齢者にとって大きな楽しみの一つです。
単なる栄養摂取ではなく、季節や場所に応じて楽しんでもらいましょう。

✚ 材料

・各種

✚ 人数、隊形

・人数…1人～
・隊形
　多種多様

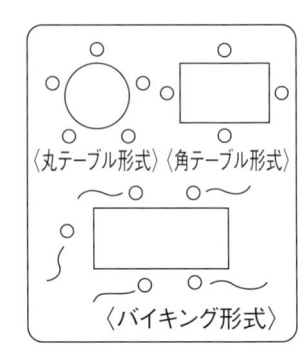

〈丸テーブル形式〉〈角テーブル形式〉
〈バイキング形式〉

✚ すすめ方

基本

・食事を楽しくする方法は無数にあります
　ここでは、施設で実際に行われている例を紹介します
① 場所を変える
　・屋外で食べる（庭でバーベキュー、公園でお弁当）
　・外のお店で食べる（レストランで食べる、居酒屋で食べる）
② 方法を変える
　・バイキング方式にする
　・社員食堂方式にする（品目数は決まっているが好きな物を選べる）
　・定食式にする（いくつかの定食から好きな物を選べる）
③ 雰囲気を変える
　・飾りなどを変えて豪華な雰囲気にする

Ⅲ レクリエーションのレシピ

- 参加者の服装を変えて豪華な雰囲気にする
- BGMを流す

いろいろなアイデア

食事を楽しむために、各地でいろいろなアイデアが出され実践されています

- ホテルの一流レストランに出かける
- 市場でマグロを買ってきて解体ショーをする
- 午前中にうなぎ釣り大会をして、お昼に蒲焼きにして食べる
- 北海道、ハワイなどテーマを決めてバイキング
- 近隣の板前さんに出張して作ってもらう
- バーベキュー大会

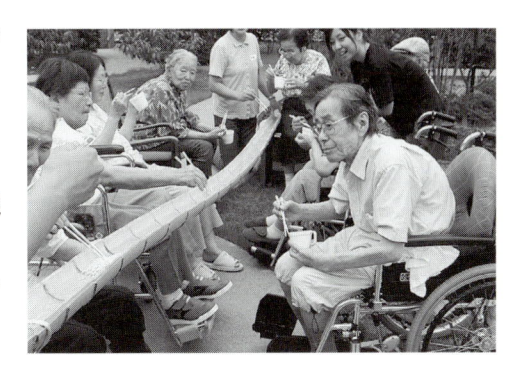

✚ 効果・効用

- 楽しい食事で食事の摂取量・吸収率の向上が期待できます
- 食事そのものが楽しい時間となり、生活に彩りを与え、楽しい食事でお互いの会話もスムーズになり、会話量が増えます
- 精神的に満足感が高まり、ストレスが減少します
- 生活に張りが出て、生活のリズムづくりにも役立ちます

特にオススメ

- 栄養改善
- 食事摂取量
- 楽しみづくり
- 会話の促進

■ワンポイント

- 食事は人にとって楽しみの1つでもありますが、材料、調理にお金のかかるものでもあります。費用対効果を考え、無理のない継続できる取り組みを考えましょう

■リスクマネジメント

- 誤嚥性肺炎、ちっ息などは、食事のときには常に起こりうることです。万全の準備をしておきましょう
- 糖尿病の人の過食も、よく話題となるリスクマネジメントです。食材や提供の仕方などを工夫して、糖尿病の人も楽しめる食事づくりを試みてください

■目的	■利用者の状態	■スタッフからの希望
上肢の機能改善 座位耐久力の向上	使用する道具を認識・使用できる	本人の希望する作品を、工夫や好みをとり入れながら作ってほしい

生活に根づく ネイチャークラフト

ネイチャークラフトとは、日常の身のまわりの物を自然の物を材料に作っていくことです。鉢置きや傘立て、鳥のかごなど、利用者の希望に応じてプログラムを考えましょう。

材料
- 工作道具
  ハサミ、カッター、のり、ボンドなど
- 材料
  枝、木の実、石など

人数、隊形
- 人数…1人～
- 隊形
  テーブル形式

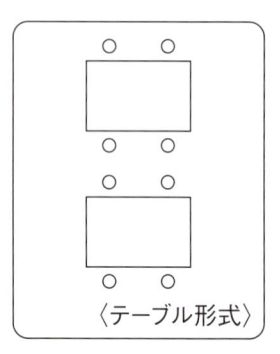

〈テーブル形式〉

すすめ方

基本
- 簡単で見映えのよい物から始めましょう
- 完成品を見本品として1つ作製しておき、参加者に見てもらうと、イメージが具体化し、作りやすくなります

III レクリエーションのレシピ

クラフト例
- 看板
- 鉢置き
- 鳥のかご
- ポスト
- いすや机など

✚ 効果・効用

- 上肢の巧緻性・協調性の維持・改善が期待されます
- 座位耐久力の維持・改善が期待できます
- 新しい趣味活動として、また楽しみづくり、生きがいづくり、仲間づくり、社会参加の増加など、生活の活生化に結びつくこともあります

特にオススメ

| 上肢の巧緻性・協調性 | 趣味づくり | 座位耐久力 | 仲間づくり |

■ ワンポイント
- 上品な物を作りましょう
- 季節に合わせて作りましょう

■ リスクマネジメント
- カッターや電気ゴテなどによる切り傷、火傷などが起きやすいので注意が必要です
- 材料によるけが、材料中に存在していた生物によるけがや感染、さらには材料を収集する際のけがや感染に注意しましょう

■目的	■利用者の状態	■スタッフからの希望
運動機能の維持・改善 役割づくり	園芸に必要な活動が一部分でもできる能力	楽しみながら育ててほしい

生活に根づく 園芸

現在の高齢者の多くは、土に慣れ親しんだ経験があることでしょう。
その経験を活かし、施設や事業所の庭に草木を植えたり、畑で野菜を育てたりと、利用者の希望をとり入れながら実施しましょう。

✚ 材料

- 園芸道具、用具
  土、肥料、水、スコップ、等
  育てる容器（鉢、プランター、缶、袋等）
- 植物
  種、菌等

✚ 人数、隊形

- 人数…1人〜
- 隊形
  自由

いつもは車いすの人も、思わず立って畑を耕かし始めました

✚ すすめ方

基本

- 失敗すると精神的なショックを受けることも多いので、失敗しにくいものを選びましょう
- 成育に時間がかかるもの、変化があまり見られないものは、園芸に取り組む意欲が低下しやすいので避けましょう
- 本人の好みや希望に合わせ、複数種育成するとよいでしょう
- ただ育てるだけでなく、ドライフラワーなどのクラフトを活用する、料理材料として活用する、販売活動に活用するなど、その後の活用方法も考え、活動に広がりと幅をもたせましょう

Ⅲ レクリエーションのレシピ

畑がなくても大丈夫！

都会では園芸活動をするような畑や土地を小さな事業所が持つことは難しいでしょう

園芸活動をする土地がない場合は、次のような工夫を考えます

- 市民農地などを借りる
- 他の人の畑を借りる
- 公園などの公共地の手入れをするボランティアになる
- 容器に植える

一般的なプランターや鉢という固定観念は捨て去り、さまざまなものを容器として活用してみましょう。オイル缶や麻袋などでも、立派に野菜が育ちます

✚ 効果・効用

- 上肢・下肢・体幹の運動機能の維持・改善（上肢の巧緻性・協調性・筋力・筋持久力・関節可動域）
- 全身耐久力・体力、循環器、呼吸器系の機能改善
- 精神的ストレスの解消
- 新たな趣味活動として、生きがいづくり
- 仲間づくり、社会参加のきっかけとして

特にオススメ

| 運動機能の改善 | ストレス解消 | 生きがいづくり | 体力づくり 社会参加 |

■ ワンポイント

- 園芸活動は、植物を育てることだけに限定されません
植物を利用したクラフト、料理、絵画、染め物など、その活動範囲はとても広いので、固定観念をもたず、さまざまな活動にチャレンジしましょう

■ リスクマネジメント

- 作業中のけが（特に刃物による切り傷、農具による刺傷）
- 作業中の転倒
- 農薬中毒、かぶれ
- 土地や植物中の生物によるけが、感染
- 果物、毒物の誤摂食
- 服や靴、家、家具の汚れ

■目的	■利用者の状態	■スタッフからの希望
温熱効果 清潔保持	座位保持が可能～普通浴槽まで	気持ちよく、楽しみながら入ってほしい

生活に根づく 入浴

入浴は単なる保清ではありません。ADLとして行うのではなく、コミュニケーションの場としてどう機能させるか？ 入浴を「お風呂に行こう！」といえるだけの関係性・環境を作りましょう。

➕ 材料
・お風呂

➕ 人数、隊形
・人数…1人～
・隊形
　特になし

➕ すすめ方

基本

日本人はお風呂好き！（といっても、お湯に入るのが一般的になったのはここ100～200年ですが…）いろいろな視点からお風呂を楽しくする方法を考えましょう!!

①環境を変える
　「ゆ」の字のれん、お風呂にポスターを貼る、銭湯のような雰囲気にする
②お湯を変える
　薬湯にする、各地の温泉の素を入れる
③場所を変える
　温泉に行く、スーパー銭湯に行く

薬湯例

月	薬湯名	月	薬湯名
1	松湯	7	桃湯
2	大根湯	8	はっか湯
3	蓬湯	9	菊湯
4	桜湯	10	生姜湯
5	菖蒲湯	11	みかん湯
6	どくだみ湯	12	ゆず湯

効果・効用

- 保温・循環促進、鎮痛（慢性疼痛）などの温熱効果
- リラクゼーション、精神的ストレスの解消などの入浴効果
- 皮膚疾患の改善、温熱入浴効果の促進などの薬湯効果
- 楽しみづくり、生活のリズムづくり
- 他者との交流促進、会話の促進
- カロリー消費、新陳代謝促進によるダイエット
- 清潔保持

特にオススメ：温熱効果／ストレスの緩和／ダイエット／楽しみづくり

■ワンポイント

- 入浴はとてもプライベートなものですが、銭湯などは公共的な場です　個人浴の場合と皆で入る場合における長所・短所をよく理解して、より楽しい入浴を実現しましょう
- 入浴は人間関係を密にしてくれる場でもあります。利用者とのコミュニケーションを深める意味でも、入浴の活用度は高いといえるでしょう

■リスクマネジメント

入浴中の最大の事故は溺死です。ちょっとした気のゆるみが大きな事故となるので、入浴中は特に気をひきしめておきましょう

このほか、入浴中・入浴後の低血圧、風呂場での転倒も多いです

認知症高齢者の中には、お風呂に入るのを拒否する方もいます。無理に入れるのではなく、「なぜ入りたくないのか」をアセスメントして対応を考えましょう

IV

個別レクリエーションに向けた Q&A

介護の現場は対人サービスであるがゆえに、マニュアルどおりにはいかないこともあります。どうしてもレクリエーションが適切に提供できていない……　ここでは、そうした現場の職員からよく聞かれる悩みを集めてみました。

認知症の利用者

Q1 認知症の方へのレクリエーションはどう考えればいいですか？

Answer

目的をはっきりさせよう

　認知症の中心となる症状は、記銘力・注意分割力・計画力の低下です。認知症の方に対するレクリエーションでは、
①機能低下を予防・改善することを目的とする
②機能低下がすすんでいることを前提とする
　という2つの視点のどちらで提供するかによって、内容が変わります。

　①の場合は、これらの機能を刺激するプログラムとなり、②の場合は、これらの機能に過負荷とならないプログラムとなります。両者とも「ルールを簡単にする」「工程を分担して行う」「一度にたくさんのことを同時に行わない」などが基本となります。その利用者が昔行っていた生活活動などの手続き記憶、いわゆる「身体で覚えたこと」は保持されることが多いので、こうした活動を活用するのもよいでしょう。

　調理などは、昔ながらの活動で注意分割機能や計画力が必要とされる活動です。すべての工程をこなすことが難しければ、切る、混ぜる、あえるなど、工程の一部分を担当してもらいます。集団プログラムなどでも、何をどうすればいいのかが明確なルールとなるようにします。投げる・打つなどは比較的理解しやすい行為です。

Ⅳ 個別レクリエーションに向けた Q&A

認知症の利用者

Q2 認知症の方が参加する場合の留意点

Answer

本人の気分を考えて提供しよう

　認知症の方は、記銘力や理解力の低下により、他者とのコミュニケーションが苦手になるので、高いコミュニケーション能力を必要とする活動は適しません。また、良い気分⇔気分不良の変化が大きく、明確なのも特徴です。

　本人の気分が良いときに、その気分を壊すリスクをおかしてまでも、あえて新しい活動をする必要があるのかどうかを検討することも大切です。屋内での集団プログラムは、他者との協調を強要することも多いので、目的もなく参加を強要することは避けましょう。

　よく「集団プログラムに認知症の方をどう参加させればいいのでしょうか」という質問を受けますが、その前に、なぜ参加するのか、目的は何か、参加する利点と欠点は何かを吟味したうえで、参加・不参加を決めるべきです。

　また、レクリエーション＝集団ゲームと誤解している人も多いですが、タオルをたたんだり、外の景色を眺めたりするのもレクリエーションの一部です。

職員の問題

Q3 職員が足りず、プログラムが偏ってしまいます

Answer

さまざまな方法を考えてみよう

　マンパワー不足を解決するには、マンパワーを増やす方法と増やさない方法があります。

　マンパワーを増やすには、職員を増やす、もしくは職員以外のマンパワーを増やすかです。「職員は増やせない」という固定観念をもっている中間管理職も多いですが、「利用者を何名増やすから（増えたら）、職員を何名増やしてほしい」と具体的な提案をすれば、考慮してくれる場合もあるでしょう。この場合、収入と支出の関係を明示すると説得力が高まります。職員以外のマンパワーでは、ボランティアや実習生などが考えられます。

　マンパワーを増やさない方法では、一人当たりの仕事量を増やす方法と、全体としての仕事量を減らす方法があります。前者は一人ひとりのレベルアップを図り、一人でできる仕事量を増やすこと（仕事のスピードを上げる、複数の仕事を一度に行うなど）があります。後者には、仕事の効率化、回数や量を減らすなどがあります。たとえば、不必要な書類を廃止したり記入項目を簡素化するなどです。

　いずれにしても、一つの対策よりも複数の対策を実施するほうが成功しやすいといえます。

Ⅳ 個別レクリエーションに向けた Q&A

職員の問題

Q4 レクリエーションの上手、下手の定義は？

Answer

職員間で共通認識をもとう

　まず、「レクリエーションが上手」とはどのようなことかに関して、共通認識をもつことが大切です。単に、流暢な言葉遣いが良いとも限りません。参加者一人ひとりに設定された目的・効果を、総体として向上させることが大切です。このような視点から「レクリエーションの上手さ」を定義し、めざす方向を明確にしましょう。

　そのうえで、レクリエーションの知識や技術を向上させる工夫が大切です。知識や技術を高めるためには、参加者一人ひとりの参加目的とレクリエーション自体の目的、その相互関係をしっかりと認識することです。そのうえで、事前練習をしたり、ビデオを使ったり、指導者についてもらったりします。目的意識を明確にするだけで、知識や技術はかなりレベルアップします。

　また、細かい技術については、ミーティングなどを開催して職員一人ひとりの工夫点などの情報交換をするとよいでしょう。

職員の問題

Q5 レクリエーションに対する考え方や思いがバラバラです

Answer

目的をはっきりさせ、共有しよう

　介護におけるレクリエーションの考え方には、大きく2種類あります。

　一つは、「手段として考える」ことです。手段としてレクリエーションを考えるということは、ある目標が別に設定されていて、レクリエーションを実施することで目標の達成に役立つことを意味します。

　もう一つの考え方は、「レクリエーションを、本人の活動の目的とする」ことです。

　職員間の考え方を統一するには、どちらの目的でレクリエーションを提供しているのかを、利用者ごとにはっきりさせ、それを共有することです。

　同時に、レクリエーションの範囲も職員によって異なるようです。レクリエーションは単なる集団ゲームではありません。会話や脳トレ、囲碁、テレビ鑑賞、昼寝を楽しんだり、買い物や旅行に行ったりすることもレクリエーション活動です。

　また、個別ケア同様、レクリエーションも「個別」でなければいけません。これは、マンツーマンで行うということではなく、一人ひとりに合った「個別の支援プログラム」を立案し、提供する必要があるということです。手段は個人でも集団でもかまいません。

Ⅳ 個別レクリエーションに向けた Q&A

重度の利用者

Q6 重度の方に対するレクリエーション

Answer

その利用者に即した提供方法を考えよう

　「重度の利用者だから」といって、レクリエーションの視点を変えることはありませんが、運動や更衣に関して、必要となる介助量が増えることはあります。その場合、食事や入浴、更衣などと同じ考え方で対応していけばよいでしょう。

　なぜかレクリエーションは「皆が同じ内容、活動、介助量」といった画一的な思考に陥りやすいようです。必要な部分に必要なだけの介助をするのは、他のADLと同様です。可能ならば、本人に適した「自助具」を製作し活用してもよいでしょう。

　また、複雑な活動が面白くて、単純な活動が面白くないということはありません。大切なのは、どのようにすすめるかです。重度の方もゲームに直接参加できるようなルール作りも重要でしょう。

　「レクリエーションへの参加」にはさまざまな形態があり、点数をつけたり応援やゲームをしているそばで、その楽しい雰囲気を感じたりすることも参加の一つの形態だといえます。本人の状況に合わせた、本人のニーズに即した参加を考えましょう。

集団と個別
Q7 レクリエーションとは、集団で行う面白いゲーム活動？

Answer

「楽しい」を基盤とした、幅広い活動を指します

　質問にあるような「面白い集団活動、集団ゲーム」もその一つですが、レクリエーションとはより範囲の広いものです。レクリエーションは「楽しい」を基盤とし、加齢や障害、疾病などで低下した生活機能を、文字どおり「再創造（re-creation）」するさまざまな活動を指します。ですから囲碁や将棋、読書、映画鑑賞などの趣味活動のほか、スポーツやただ単にボーっとしたり、昼寝をすることも含まれます。

　また、ケア同様、一人ひとり必要となる支援の種別や量、時期などが異なり、一人ひとりのニーズに沿って個別に提供されるものです。一人ひとりのニーズに沿って提供される個別レクリエーションは、1対1で提供される個人レクリエーションとは違います。個別レクリエーションとは、あくまでも一人ひとりのニーズに沿った支援の視点を指し、その手段を指すわけではありません。

　したがって、個別レクリエーションを提供するために、ときには集団活動（集団レクリエーション）をしたり、ときには個人活動（個人レクリエーション）を提供することになります。

Ⅳ 個別レクリエーションに向けた Q&A

男性へのレクリエーション

Q8 男性の方が参加してくれません

Answer

「参加したくなる」レクリエーションを！

「参加させる」「参加してもらう」ではなく、「参加したくなる」レクリエーションを提供しましょう。また、性別によってプログラムを考えるのではなく、利用者一人ひとりのニーズから考えるのが基本です。

一般的に男性に人気のあるプログラムは、健常な男性がよく実施しているメニューです。たとえば、囲碁や将棋、麻雀、新聞、読書、競馬、競艇、パチンコ、花札、ゴルフ、木工、盆栽、宴会、バーベキュー、釣りなどです。また、理論的な裏づけ（エビデンス）を説明すると、参加が促進されるようです。

活動の好みは千差万別なので、個人の好みに合わせ、幼稚なメニューを避けることが、男女問わず必要となります。

プログラムのマンネリ化

Q9 プログラムがマンネリ化しやすく、困っています

Answer

同じ種目≠マンネリ

　プログラムのマンネリ化は避けなければなりませんが、その解決方法は「異なるプログラムの提供」ではありません。たとえば、釣りの好きな方はいつも釣りをしていますし、囲碁が好きな方の中には、毎日囲碁ばかりしている人もいます。こうした方々はマンネリ化したとは感じていません。ですから、同じ種目をする＝マンネリではないのです。

　マンネリとは、スタッフ側の心の問題ではないでしょうか。ちょっとした工夫で楽しみは倍増します。好きな人は、毎日熱心に野球を観たり、その結果に興味をもちます。この一つの要因に、年間を通した「ペナントレース」という仕組みが大きく関与しています。トップチームの名前やチームの順位、ゲーム差などを示すことで、興味を引き立てています。このような工夫でマンネリ化は防げます。マンネリ化とは、プログラムに起因するのではなく、介助者自身の心に起因するのだと理解して、改善を図りましょう。

リスクマネジメント
Q10 実施する際のリスクは？

Answer

個人の機能と、プログラムがもつリスクを把握し、対策を立てよう

　レクリエーションの提供中に多い事故は、転倒です。転倒は骨折を引き起こしやすく、注意が必要です。そのため、転倒に関しては、発生を予防すること、転倒しても骨折しにくい環境づくりが必要となります。同時に、救急処置なども含めた転倒発生時の対応策も立てておかなければなりません。ですから、個人の機能と、そのプログラムがもつ危険性の把握が、リスクマネジメントとなります。

　リスクマネジメントでは、事故の内容にかかわらず、事故予防（転倒予防など）と、その事故から起こる事象の予防（骨折予防など）、発生時の対応方法（骨折時の対応など）を決めておく必要があります（事故によっては、事故予防—発生時対応の２段階に分かれることもあります）。さまざまな場合を想定し、人数や隊形、ルールなどの工夫を凝らしましょう。

　また、転倒やけがなどの身体面リスクだけでなく、悪口、口げんかなど精神面での事故も多いので、精神面に対するリスクマネジメントも必要となります。ヒヤリハットの情報交換を密にし、事故発生の予防に努めましょう。

資料		

①アセスメント＆計画表（1）

	アセスメント実施日	年　月　日
	計 画 表 作 成 日	年　月　日
	同　　意　　日	年　月　日
	本人	
	代理人	

氏名 _____

家族	〈本人の希望〉	家の平面図
家族のよいところ		
キーパーソン〔　　　〕	〈家族の希望〉	
経済状況		地域資源
		〈施設等〉
好きなこと、もの		〈人・団体等〉
		〈システム〉

⬇

こんな生活をしたい、してほしい

⬇

長期目標案

目標	
期限	
目標内容	

上記目標達成のための短期目標　　　目標達成のためにすること

① 第一次目標
達成時期
内容

内　容	期限	担当

目標達成のためにすること

② 第二次目標
達成時期
内容

内　容	期限	担当

目標達成のためにすること

③ 第三次目標
達成時期
内容

内　容	期限	担当

リスクマネジメント

目標達成のために気をつけること

備考

②アセスメント表（2）

年　　月　　日

氏　名 _____ さん　　　　　　　　　　　記録者 _____

最初の全体的な印象	

子どものころ好きだったこと	若いころ好きだったこと	最近好きなこと

〈地域〉
地域資源　　施設等　　　　　　　　　　　　　　　人・団体等

〈家族・家庭〉キーパーソン［　　　　　　　　　　］　　仲間・知人

家族のよい所　［　　　　　　　　　　　　　　　］

〈本人〉　　本人のよいところ　　　　家庭図
　　　　　　　　　　　　　　　　　　（◎：本人
　　　　　　　　　　　　　　　　　　　♂：男
　　　　　　　　　　　　　　　　　　　♀：女）

家の平面図　　　　　　　　　　　　　家の周辺の資源地図

本人の希望　　　　　　　　　　　　　　　　　経済状況
［
］

家族の希望
［
］

③計画表（2）

年　月　日

氏　名 _____　　　　　　　　　　　　　　　　　　記録者 _____

私は以下の事項を目標とし、その目標達成のために以下のプログラムを実施することを希望し、同意します。

　　　　　　　　　　年　月　日　氏名 _____（本人）

　　　　　　　　　　　　　　　　氏名 _____（代理人）

目標

↑

三次目標（三番目に達成する目標）
達成時期

内容

目標達成のためにすること

内　容	頻度など	担当

↑

二次目標（二番目に達成する目標）
達成時期

内容

目標達成のためにすること

内　容	頻度など	担当

↑

一次目標（まず最初に達成する目標）
達成時期

内容

目標達成のためにすること

内　容	頻度など	担当

④プログラム計画・実施表

年　　月　　日

プログラム名 _____　　　　　記録者 _____

実施日		場所	
項目	計画時の内容		実施後の評価
目的			
準備物			
実施上のポイント			
リスクマネジメント			
参加者への留意点			
参加者以外への配慮			

次回、より良い実施に向けての留意点

⑤ モニタリング表

氏　名 _____

実施日	年　　　月　　　日（　　）		実施者	
項目	モニタリング結果			備考
実施	□非常に良い　□良い　□普通　□悪い　□非常に悪い			
効果	□非常に良い　□良い　□普通　□悪い　□非常に悪い			
満足度	□非常に良い　□良い　□普通　□悪い　□非常に悪い			
その他				

実施日	年　　　月　　　日（　　）		実施者	
項目	モニタリング結果			備考
実施	□非常に良い　□良い　□普通　□悪い　□非常に悪い			
効果	□非常に良い　□良い　□普通　□悪い　□非常に悪い			
満足度	□非常に良い　□良い　□普通　□悪い　□非常に悪い			
その他				

実施日	年　　　月　　　日（　　）		実施者	
項目	モニタリング結果			備考
実施	□非常に良い　□良い　□普通　□悪い　□非常に悪い			
効果	□非常に良い　□良い　□普通　□悪い　□非常に悪い			
満足度	□非常に良い　□良い　□普通　□悪い　□非常に悪い			
その他				

実施日	年　　　月　　　日（　　）		実施者	
項目	モニタリング結果			備考
実施	□非常に良い　□良い　□普通　□悪い　□非常に悪い			
効果	□非常に良い　□良い　□普通　□悪い　□非常に悪い			
満足度	□非常に良い　□良い　□普通　□悪い　□非常に悪い			
その他				

著者紹介

妹尾弘幸（せお　ひろゆき）

株式会社 QOL サービス代表取締役社長。理学療法士、介護支援専門員。多機能リハビリセンターありがとう、多機能地域ケアホームありがとう総施設長。
早稲田大学大学院介護予防マネジメントコース修了、早稲田大学非常勤講師。

表紙イラスト　ミウラナオコ
本文イラスト　やまき舞

基礎から学ぶ介護シリーズ
一人ひとりが輝く　レクリエーション・プログラム

2007 年 10 月 25 日　初　版　発　行
2021 年　5 月 20 日　初版第 10 刷発行

- 著　者　妹尾弘幸
- 発行者　荘村明彦
- 発行所　中央法規出版株式会社
  〒 110-0016　東京都台東区台東 3-29-1　中央法規ビル
  ＜営　　業＞　　　TEL03-3834-5817　FAX03-3837-8037
  ＜取次・書店担当＞ TEL03-3834-5815　FAX03-3837-8035
  https://www.chuohoki.co.jp/

- 本文フォーマット　株式会社 エムオー・クリエイティブ
- 装丁　　　　　　　株式会社 マツダオフィス
- 印刷・製本　　　　株式会社 太洋社

ISBN978-4-8058-2728-4

本書のコピー、スキャン、デジタル化等の無断複製は、著作権法上での例外を除き禁じられています。また、本書を代行業者等の第三者に依頼してコピー、スキャン、デジタル化することは、たとえ個人や家庭内での利用であっても著作権法違反です。
落丁本、乱丁本はお取り替えいたします。定価はカバーに表示してあります。
本書の内容に関するご質問については、下記 URL から「お問い合わせフォーム」にご入力いただきますようお願いいたします。
https://www.chuohoki.co.jp/contact/